Aliette de Laleu
Komponistinnen

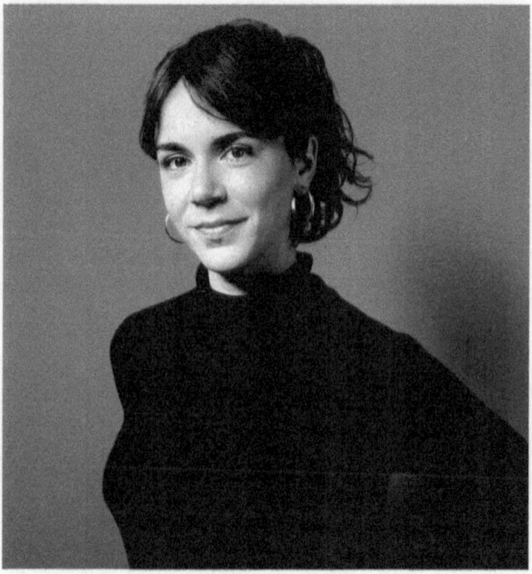

Aliette de Laleu, geb. 1991, ist Musikwissenschaftlerin, Journalistin (u. a. beim Radiosender France Musique) und Publizistin.

Petra Willim, geb. 1957, ist Literaturwissenschaftlerin und freie Übersetzerin. 2005 wurde sie mit dem Christoph-Martin-Wieland-Übersetzerpreis ausgezeichnet.

Aliette de Laleu

Komponistinnen

Frauen, Töne & Meisterwerke

Aus dem Französischen übersetzt
von Petra Willim

RECLAM

Titel der französischen Originalausgabe:
Mozart était une femme. Histoire de la musique classique au féminin
Editions Stock, Paris

2024 Philipp Reclam jun. Verlag GmbH,
Siemensstraße 32, 71254 Ditzingen

Umschlaggestaltung: Philipp Reclam jun. Verlag GmbH
Umschlagillustrationen: Tanja Kischel
Druck und buchbinderische Verarbeitung:
GGP Media GmbH, Karl-Marx-Straße 24, 07381 Pößneck
Printed in Germany 2024
RECLAM ist eine eingetragene Marke
der Philipp Reclam jun. GmbH & Co. KG, Stuttgart
ISBN 978-3-15-011470-4

www.reclam.de

MIX
Papier | Fördert gute Waldnutzung
FSC® C014496

Inhalt

Einleitung

Nein, Mozart war keine Frau. Aber dieser Komponist verkörpert wie kaum ein anderer die Vorstellung von der klassischen Musik: ein weißer Mann mit Perücke vor seinem Cembalo, ein Wunderkind, ein etwas verrücktes Genie, ein Schöpfer zeitloser Werke … Und doch lebte eine Frau in seinem Schatten: Maria Anna Mozart. Obwohl ebenso brillant wie ihr Bruder, wurde sie aus der Musikwelt ausgeschlossen, damit sie sich ihren ehelichen Pflichten widmen konnte. Niemand hat ihren Namen im Gedächtnis behalten. Selbst in Miloš Formans *Amadeus* (1984), einem Film, der das Leben des Komponisten der *Zauberflöte* nachzeichnet, kommt die Schwester Mozarts nicht vor. Der Wunderknabe spielt dort allein auf seinem Klavier, während in der geschichtlichen Wirklichkeit Maria Anna Mozart stets an seiner Seite war. Sie wurde ebenso wie er für ihre musikalische Begabung gerühmt, bevor sie von der Bühne wie auch – zum Schweigen gesellt sich das Vergessen – aus Büchern, Filmen und der Geschichte verschwand.

Mozart war eben auch eine Frau. Genauso wie Schumann, Mendelssohn, Mahler oder Bach, obgleich uns bei diesen Namen als Erstes Männer einfallen. Und wenn man darüber nachdenkt, so bietet uns das Universum der klassischen Musik insgesamt ein sehr maskulines Bild. Männer komponieren Meisterwerke, diese werden auf CDs zusammengestellt und nehmen in der Programmplanung von Festivals und Konzerten den allergrößten Raum ein. Männer sind die Verfasser der zehn weltweit meistgespielten Opern. Ein Mann steht, den Taktstock in der Hand, vor dem Orchester. Männliche Experten sprechen über klassische Musik, entschlüsseln, analysieren und kritisieren sie. Welche Erzählung gibt man also weiter, wenn man von klassischer Musik spricht? Eine der Männer.

Dabei könnte man es belassen und sich sagen, dass die klassische Musik immer schon von Männern erdacht und erschaffen wurde und dass dieser Themenbereich ihnen gehört. Sicher, es ist beruhigend, immer die gleichen Geschichten zu hören, wie ein Kind, dem man sein Lieblingswiegenlied allabendlich singt. Man zieht es vor, sich an das zu klammern, was man kennt. Aber sich ins Unbekannte vorzuwagen bietet einen sehr viel reicheren Genuss der klassischen Musik.

Es ist an der Zeit, unsere Vorstellungen von Grund auf umzustoßen, da sie über Jahrzehnte verhinderten, dass eine andere Erzählung zum Vorschein kommen konnte – die der Frauen.

Dieses Buch geht das Wagnis ein, diese Geschichte zu erzählen. Nicht um die der Männer zu schmälern, sondern um der anderen Seite zur Existenz zu verhelfen, um eine Form der Ausgewogenheit herzustellen und all jenen Gerechtigkeit widerfahren zu lassen, die es verdient haben, gekannt und anerkannt zu werden. Warum sich mit der x-ten Biographie Beethovens begnügen, wenn man das Schicksal all dieser außergewöhnlichen Persönlichkeiten entdecken kann? Zu jeder Zeit und in jedem Land gab es wagemutige und zaghafte Frauen, Frauen voller Kampfgeist, weibliche Glückskinder, weibliche Strafgefangene, Marquisen, Ehefrauen, Schwestern, Nonnen, Divas, Waisenmädchen, Fromme oder *Femmes fatales*, die einen Platz in der klassischen Musik eingenommen haben. Manche haben Neuerungen eingeführt wie etwa Élisabeth Jacquet de La Guerre am Cembalo, andere haben, wie Pauline Viardot, Freiräume kreiert, um die Musik lebendig zu halten – wir werden ihnen im Verlauf dieses Buches wiederbegegnen. Sie alle haben dazu beigetragen, die klassische Musik zu dem zu machen, was sie heute ist.

Wie viele haben wie Maria Anna Mozart ihre Begabung oder ihr künstlerisches Schaffen nicht entwickeln können, weil sie Frauen waren? Wie viele wurden aus der Musikwelt ausgeschlossen? Und wie vielen ist es gelungen, sich trotz aller Hindernisse einen Weg zu bahnen, um schließlich doch in Vergessenheit zu geraten? Dieses Buch hat nicht den Anspruch, alle zu erfassen (für einen erschöpfenden Bericht bedürfte es sehr viel mehr als dieser wenigen Seiten); aber es soll daran erinnern, dass in jeder Epoche, von der Antike bis in die Jetztzeit, während des Barock, der Klassik, der Romantik und der Moderne, Frauen stets da waren – und keineswegs nur als Musen. Das ist in der Tat das Bild, das man bis heute präsentiert: Die Frauen, denen in der Geschichte der klassischen Musik die Ehre zuteilwird, zitiert zu werden, dienen einem männlichen Genie als Quellen der Inspiration.

Wenn man die Ehefrauen und Schwestern der großen Komponisten betrachtet, scheint das gar nicht so falsch zu sein: Clara Schumann, Fanny Mendelssohn, Alma Mahler … ihre Namen sind dem breiten Publikum allmählich bekannt. Allerdings sind ihre Schicksale nicht repräsentativ für die Geschichte der weiblichen Kunstschaffenden. Manche haben sich aus der Vormundschaft der Männer befreit wie die britische Komponistin Ethel Smyth. Andere haben, obgleich verheiratet oder Mütter, es geschafft, das Komponieren zum Mittelpunkt ihres Lebens zu machen, wie die Französin Louise Farrenc. Ganz zu schweigen von all jenen, die sich der Musik in ihrem jeweiligen Beruf gewidmet haben. Denn dieses Buch befasst sich auch mit Sängerinnen und Instrumentalistinnen, Mentorinnen und Pädagoginnen, Kopistinnen, Professorinnen, Ensemble-Gründerinnen und Dirigentinnen.

Die Musikszene leidet unter Vorurteilen, die manches Mal übertrieben kritisiert werden; häufig aber trifft der Vorwurf der weißen, einer Handvoll privilegierter Personen vorbehaltenen Männerwelt zu. Es handelt sich um eine traditionelle, konservative Welt, in der Frauen lange Zeit unter Ausgrenzung litten. Beispielsweise verbot ihnen im 17. Jahrhundert in Italien die Kirche, auf der Bühne zu singen, was der Auftakt für eine berühmt gewordene, traurige Verstümmelung war: die der Kastraten. Zwei Jahrhunderte später passten bestimmte Musikinstrumente nicht mehr zum weiblichen Geschlecht, weil man sie für unzüchtig hielt. Das war das Aus für das Violoncello, das man zwischen den gespreizten Beinen hält, wie auch das Aus für alle Blasinstrumente, die man in den Mund nimmt. Man denke zudem an den Ausschluss von Frauen aus Orchestern, der in bestimmten Fällen bis in die 1980er Jahre hinein üblich war – aus moralischen und ästhetischen Gründen, aber auch, sagen wir es offen, damit die Männer unter sich bleiben konnten.

Trotz all dieser Verbote haben Frauen als Künstlerinnen existiert. Manchmal mussten sie besondere Strategien anwenden wie jene Komponistinnen, die auf männliche Pseudonyme zurückgriffen, damit ihre Werke gehört werden konnten. Oder wie jene, die zu Beginn des 20. Jahrhunderts ausschließlich mit Frauen besetzte und von Frauen dirigierte Musikensembles gründeten – ein Ansporn für künftige Generationen von Dirigentinnen. Instrumentalistinnen ihrerseits umgingen die üblichen Formen, die verbotenen Instrumente zu spielen, indem sie sie anders hielten und etwa das Violoncello oder die Harfe seitlich statt zwischen den Beinen platzierten. Die Geschichte dieser Heroinnen zu erzählen bedeutet, die Fortentwicklung der klassischen Musik zu erzählen. Wenn beispielsweise das

Schicksal der Komponistin Hélène de Montgeroult – der ersten Frau, die im 18. Jahrhundert im Konservatorium von Paris zur Professorin für eine männliche Klavierklasse ernannt wurde – und das der Clara Haskil, einer Klaviervirtuosin zu Beginn des 20. Jahrhunderts, aufeinandertreffen, so kann man daran erkennen, welche Rolle das Klavier in der Geschichte der Frauen spielte. Das betrifft nicht nur die großen Solistinnen, deren Interpretationen von den bedeutendsten Plattenfirmen aufgenommen wurden, die aber trotz ihres Einflusses in Vergessenheit geraten sind, sondern auch einfache Klavieramateurinnen in den bürgerlichen Salons des 19. Jahrhunderts.

Indem man untersucht, wie sich die Stellung der Frau im Zuge der Jahrhunderte entwickelt, begreift man, welchen Höhen, Tiefen, Fort- und Rückschritten diese Geschichte unterworfen ist. In der Musikgeschichte schlägt sich diese Achterbahnfahrt darin nieder, dass einige Pionierinnen in Vergessenheit gerieten – was sich auf die Pianistin und romantische Komponistin Clara Schumann auswirkte, die kurz vor ihrer Ehe in ihr Tagebuch schrieb: »Ich glaubte einmal das Talent des Schaffens zu besitzen, doch von dieser Idee bin ich zurückgekommen, ein Frauenzimmer muß nicht componiren wollen – *es konnte noch Keine*, sollte ich dazu bestimmt sein?«[1]

Nun existierten Komponistinnen aber schon seit mehreren Jahrhunderten, manche wurden gar für ihre Arbeit entlohnt, und das seit dem 17. Jahrhundert. Barbara Strozzi, 1619 in Venedig geboren, demnach zwei Jahrhunderte vor Clara Schumann, konnte von ihrer musikalischen Tätigkeit leben, obwohl sie zugleich unverheiratete Mutter von vier Kindern war. Die Musikgeschichte der Frauen kennt tatsächlich einige goldene Zeitalter für Künstlerinnen, etwa das barocke Italien, aber auch das Frankreich gegen Ende des 18. Jahrhunderts, inmitten der Revolution. Komponistinnen machten sich damals die Welt der Oper zu eigen und bemühten sich um Librettistinnen; dies ist die Geburtsstunde einer sehr weiblichen Opernszene mit mehr als 50 von Frauen komponierten Opern innerhalb eines halben Jahrhunderts – Zahlen, die die öffentlichen Spielpläne heutiger großer Opernhäuser blamieren.

Aber dieser Bewegung ging rasch die Luft aus, besonders in der napoleonischen Ära mit ihren Gesetzbüchern, die die Frauen wieder auf »ihren Platz« verwiesen: ins Haus und zu den Kindern. Der Impuls zur Feminisierung der Musik zeigt sich dann erneut ein Jahrhundert später, zwischen dem Ende des 19. und dem Anfang des 20. Jahrhunderts. Komponistinnen treten aus dem Schatten hervor – Lili Boulanger ist die erste Frau, die den Grand Prix de Rome, eine renommierte Auszeichnung auf dem Gebiet der Komposition, erhält –, und einige der Notenschriftklassen in den Musikhochschulen nehmen fast so viele Frauen wie Männer auf. Nach den beiden Weltkriegen verblasst das Phänomen wieder. Man muss die Länder wieder bevölkern, Traumata aufarbeiten und sich auf das konzentrieren, was damals wichtig schien: die Familie, die Fürsorge. Die Frauen werden erneut in die häusliche Sphäre verbannt. In der Musik schlägt sich das im Aus für die Frauenorchester nieder, die zuvor überall in der Welt gediehen, und im Ausschluss der Frauen aus den musikalischen Ensembles, damit sie den Männern nicht den Platz wegnehmen. Auch bei den Kompositionsanwärterinnen gehen die Zahlen zurück, aufgrund fehlender Vorbilder und Perspektiven, aber auch, weil sie es schwerhaben, in dieses männliche, konservative und von seiner Überlegenheit überzeugte Milieu aufgenommen zu werden. Im Zuge dieses enormen Rückschritts wird auch die Geschichte der Pionierinnen vergangener Jahrhunderte ausgeblendet – sie werden in den Musiklexika vergessen, man bagatellisiert die Bedeutung ihrer Werke und beschränkt sich darauf, männliche Genies zu feiern.

Bevor diese Einleitung endet, ist es wichtig, sich Gedanken über den Begriff des Genies zu machen. Das Wort fiel schon ein paar Mal. Aber wer entscheidet darüber, wer genial ist? Wer hat Bach, Beethoven und Mozart zu Genies ernannt? Ein Werk kommt nicht als Meisterwerk auf die Welt, es wird dazu. Ein Genie kommt nicht als Genie auf die Welt, es wird dazu. Manchmal reicht es, etwas ans Licht zu bringen, wie es etwa Pablo Casals zu Beginn des 20. Jahrhunderts tat, als er Bachs *Suiten für Violoncello* aus dem Schatten heraustreten ließ und daraus das machte, was man heute ein Meisterwerk nennt. Dass die Dirigentin Debora Waldman kürzlich die Symphonie der Charlotte Sohy entdeckte, belegt, welche Rolle Künstlerinnen heute spielen, und wirft Fragen zum Geniebegriff auf: Wie viele Werke warten noch darauf, von einem genialen Musiker oder einer genialen Dirigentin wieder zu neuem Leben erweckt zu werden? In der Zwischenzeit sollte man auf die wertvolle Arbeit der Forschenden hoffen, die die Archive durchstöbern, Namen wiederentdecken und diese andere Geschichte der klassischen Musik erzählen – die der Frauen.

Ohne all diese minutiöse Arbeit könnte ein solches Buch nicht existieren. Ohne all diese aufopferungsvollen Geister, die Jahre damit verbracht haben, den Spuren nachzugehen, die Musikerinnen und Komponistinnen seit Jahrhunderten hinterlassen haben, wären die Programmplanungen von heute vollständig männlich geblieben. Ohne diese Forschungen wäre die Musik sehr viel ärmer. Was kann es Aufregenderes und Bewegenderes geben, als ein Lied anzuhören, das von einer griechischen Dichterin in der Antike komponiert wurde? Denn hinter den Namen und Geschichten, hinter der Geschlechterproblematik steht die Musik, um die es diesem Buch geht und die der Ansporn dafür ist. Lange Zeit wurde sie uns zu Unrecht vorenthalten, und zwar aufgrund von Ungerechtigkeiten oder einer langen Reihe von Irrtümern, die es nun endlich zu korrigieren gilt. Dieses Buch leistet einen kleinen Beitrag zu der unermesslichen Aufgabe, die Frauen in der Musik zu rehabilitieren, in der Hoffnung, dass eines Tages diese Frauen nicht mehr vergessen oder ausradiert sein werden, sondern als Wunderkinder, Genies und Schöpferinnen von zeitlosen Meisterwerken gelten.

Noch mehr Musik

Am Ende eines jeden Kapitels begleitet eine Liste mit Musikvorschlägen Ihre Lektüre. Diese Playlist ermöglicht es, den Musikerinnen, denen Sie auf den folgenden Seiten begegnen werden, so nah wie möglich zu kommen; zugleich ist sie eine sehr konkrete Form, dieses lange ausgelöschte weibliche Erbe lebendig werden zu lassen. Von der antiken Musik bis zum 20. Jahrhundert, quer durch die Epochen des Barock, der Klassik und der Romantik, können Sie mit diesen Vorschlägen die Entwicklung der musikalischen Genres akustisch nachvollziehen. Meine Auswahl nimmt natürlich Werke von Komponistinnen in den Blick, aber auch von großen Interpretinnen, Instrumentalistinnen oder Sängerinnen, die gewürdigt werden sollen, sowie sogar von einigen Komponisten!

Viel Spaß beim Lesen und Hören.

1 Namen und Gesichter

Wie soll man den ersten Musikerinnen der Geschichte einen Namen und ein Gesicht geben? Gab es denn Pionierinnen? Wie kann man die Stimme oder das Spiel einer Künstlerin beurteilen, wenn uns nur einige dürftige Spuren ihres Werks überliefert wurden? Warum ist es so schwierig, die Namen von Komponistinnen zu benennen und ihre Musik zu hören? Dieses Buch zeigt, in welchem Ausmaß Frauen im Verborgenen blieben oder gar aus der Erinnerung gelöscht wurden. Aber dieses große Verschweigen kennt Ausnahmen, Erzählungen, die beweisen, dass es solche Frauen doch gab, von Anfang an. Einige Namen haben tatsächlich Jahrhunderte, wenn nicht gar Jahrtausende überdauert, um bis zu uns zu gelangen. Und ist das nicht das, worum es geht – einen Fußabdruck in der Geschichte zu hinterlassen? Als Einstieg in dieses Buch begegnen wir zwei außergewöhnlichen Frauen der Antike.

Sappho – Muse oder Hure

Muss man daran erinnern, dass *Musik* aus dem Griechischen stammt und sich aus dem Wort *Muse* herleitet? Warum also nicht mit jener beginnen, die der Philosoph Platon die »zehnte Muse« nannte, der Dichterin und Musikerin Sappho? Sie stammte aus einer aristokratischen Familie und wurde in der Stadt Mytilene auf der Insel Lesbos geboren, ca. 600 Jahre vor Christus, in einer Epoche, in der die Musik untrennbar mit der Dichtkunst verwoben war. Die vorgetragenen Texte werden von der Flöte, der Lyra oder dem Klang von Schlaginstrumenten musikalisch begleitet. Musik erklingt überall in der Stadt: zu Ehren der Götter und Göttinnen, für die Reichen wie für das Volk. In der griechischen Tragödie untermalt ein Chor von Männern die Handlung und verleiht dem Stück Rhythmus. Die Kinder erhalten in Musik ebenso Unterricht wie in anderen Disziplinen: der Körperertüchtigung, dem Tanz oder der Schauspielkunst. Vor allem aber wird Musik als eine höhere Kunst angesehen. Die Dichter erzählen von der Schöpfung der Welt. Mit Musik und Gedichten betet man die Gottheiten an. Wir haben es hier mit einer göttlichen Kunst zu tun. Sappho ist nicht einfach eine Künstlerin, sie ist Dichterin und Musikerin – ein Status, mit dem sie zu den am meisten geachteten Personen in der antiken Gesellschaft zählt.

Heute liegen uns nur einige wenige Texte von ihr vor, ohne musikalische Begleitung – von den ursprünglich neun Büchern kennen wir lediglich einige poetische Fragmente sowie zwei vollständige Gedichte, wovon eines, die »Hymne [oder Ode] an Aphrodite«, berühmt geworden ist. Unter den zahlreichen Übersetzungen, die vorgenommen wurden, sticht die von Renée Vivien hervor, einer auf Französisch dichtenden Britin, die die Kunst ihrer griechischen Kollegin brillant überträgt. Renée Viviens Übersetzung wahrt die sapphische Strophe – drei elfsilbige Verse (Hendekasyllabus), gefolgt von einem (fünfsilbigen) adonischen Vers. Die Autorin mit dem Beinamen »Sappho 1900« ging so weit, dass sie sich ein Haus in Mytilene bauen ließ, am Geburtsort ihrer Lieblingsdichterin.

Die Bewunderung der Literatin für Sappho beleuchtet zugleich noch einen weiteren Aspekt: den Lesbianismus. Nicht zufällig stammt das Wort von Lesbos ab, der Geburtsinsel Sapphos. Renée Vivien bekannte sich zu Beginn des 20. Jahrhunderts zu ihrer Liebe zu Frauen und lenkte den Blick ihrer Zeitgenossinnen auf die einzigartigen Texte Sapphos, die vom Begehren sprechen. Im antiken Griechenland nahm die Homosexualität einen besonderen Platz ein. Der Terminus existierte noch nicht, man sprach eher von Päderastie: Gemeint war eine Einführung männlicher Jugendlicher durch erwachsene Männer in die Erziehung und die Moral, eine Initiation, die manchmal durch Sexualität erfolgte. Bei den Frauen existierten in entsprechenden Schulen ebenfalls Beziehungen zwischen jungen Mädchen und älteren Frauen, aber die sexuelle Komponente ist weniger augenfällig.

In Sapphos Texten verschwimmen die Geschlechter – in Äußerungen, die dem Männlichen oder dem Weiblichen zugeordnet werden können, sowie beim Beschwören leidenschaftlicher Gefühle: Dazu zählen Begehren, Mangel, Leid oder auch *philia*, jene Beziehung, die zwischen tiefer Freundschaft und Liebe anzusiedeln ist. Vor allem spricht die Dichterin in der ersten Person Singular. Ihre Texte arbeiten mit dem »Ich«: *Ich sehe dich, ich flehe, ich fühle, ich werde, ich begehre* … Nun waren diese Gedichte aber nicht für ein intimes Tagebuch bestimmt. Sie wurden deklamiert, gelesen und von den jungen Schülerinnen der Dichterin einstudiert.

Die Schule, die Sappho leitete, ein *thiasos*, wird auch als »Haus der Musen« bezeichnet. Man erlernte dort Musik, Tanz, Gesang und darstellende Kunst ... Zu welchem Zweck? Hier gehen die Meinungen der Forschung auseinander: Entweder werden die jungen Mädchen dazu erzogen, zukünftig vorbildliche Ehefrauen zu sein, oder hinter der Suche nach der Schönheit des Körpers und des Geistes steckt die Idee, diese zukünftigen Frauen unabhängiger zu machen. In der griechischen Tradition wird ein *thiasos* gegründet, um einen Gott zu verehren, und im Fall von Sappho ist der Gott eine Göttin: Aphrodite. Man feiert sie, indem man Sapphos Texte singt, von Musik begleitet, etwa einer Lyra, einem *Barbiton* (einer Art von Lyra, aber schwerer) oder einem *Pektis*, einer kleinen Harfe, die man auf dem Oberschenkel hält; es gibt so viele Instrumente, die man in den Schriften der Dichterin findet. Die Elevinnen haben, da sie selbst Musikerinnen und Tänzerinnen sind, die Möglichkeit, sich die Worte Sapphos anzueignen, indem sie ebenfalls von ihren Begierden singen und »ich« sagen. Man stelle sich vor, wie sie jenen leidenschaftlichen Text, *Ode an eine geliebte Frau*, zu einer Melodie modulieren:

> Es scheint mir jener gleich den Göttern
> zu sein, der Mann, der gegenüber dir
> sitzt und aus direkter Nähe, wie du süß die Stimme ertönen lässt,
> dir zuhört,
> und wie du begehrenswert lachst: Das hat mir ja
> das Herz in der Brust zusammenzucken lassen.
> Denn sobald ich auf dich blicke, nur kurz, bringe ich unmöglich
> noch einen Ton hervor,
> sondern die Zunge ist gebrochen, ein leichtes
> Feuer augenblicklich läuft unter der Haut,
> mit den Augen sehe ich rein gar nichts, es sausen die Ohren,
> hinab läuft der Schweiß, ein Zittern
> packt mich am ganzen Leib, grüner als Gras
> bin ich, und fast schon tot erscheine ich mir selbst.
> Aber alles kann man ertragen, da auch einen Armen ...[1]

Mit der Künstlerin geht eine große Theoretikerin einher. Der Philosoph Plutarch bezeichnet Sappho in seiner Abhandlung *Über die Musik* als diejenige, die den mixolydischen Modus erfunden habe. In der Antike wird die Musik nach Modi komponiert, die sich je nach dem unterscheiden, was heraufbeschworen werden soll: Klage, Rausch, Freude, Stärke oder Mut ... Jeder Modus folgt einer formgerechten Tonleiter, d. h. einer Abfolge von Noten, die in einer bestimmten Art und Weise gespielt werden. Es gibt einen dorischen, einen phrygischen, einen hypodorischen, einen lydischen Modus etc. Der von Sappho entwickelte mixolydische Modus bringt eher Trauer, Pathos oder Klage zum Ausdruck.

Sappho taucht also in den Schriften zahlreicher Philosophen und Autoren auf, sie zählt zu den angesehensten Künstlerpersönlichkeiten der Antike: Mehr als hundertmal werden ihr Name oder ihr Werk erwähnt. Ihr Ruf überdauert, aber nicht immer erscheint er in sehr schmeichelhaftem Licht. Einige Jahrhunderte nach ihrem Tod versetzt die Freizügigkeit ihrer Texte, die die Liebe, das Begehren und die Leidenschaft heraufbeschwören, zumal jene einer Frau mit Blick auf andere Frauen, das Patriarchat sowie die Kirche in Angst und Schrecken. Der Dichter Ovid nennt sie in seiner *ars armatoria* (*Liebeskunst*) eine »obszöne« Frau.

Was also macht man, um die Erinnerung an eine begabte, allerdings vermeintlich unsittliche Künstlerin aufrechtzuerhalten? Man erschafft Mythen rund um ihre Person, indem man sie aufspaltet, in zwei Hälften teilt. Sappho sei verheiratet und Mutter gewesen, habe aber auch Liebhaber und Liebhaberinnen gehabt. Man dichtet ihr sogar eine – unerwiderte – Liebe auf den ersten Blick zu Phaon an, einem für seine große Schönheit berühmten Mann; diese unmögliche Liebe habe die Dichterin dazu getrieben, sich von einem hohen Felsen zu stürzen. Alle Informationen über Sappho sind zwiespältig; sie erschaffen auf der einen Seite das Bild einer gefeierten Dichterin, die ein wohlgeordnetes Familienleben führt, und auf der anderen Seite das einer dämonischen Prostituierten. Diese Unterscheidung zwischen der Künstlerin und der Hure ermöglicht es, die unsittlichen Gedichte, um derentwillen man Sappho anprangert, zu erhalten.

Aber nicht alles wird bewahrt. Im Mittelalter werden zahlreiche von der Poetin verfasste Gedichte zerstört. Heutzutage zeigen die wenigen erhaltenen Texte den Kunstschaffenden einige der schönsten Seiten der antiken Dichtkunst und inspirieren Musikensembles, die jene Musik zu rekonstruieren suchen. Mit geschlossenen Augen diese Musik zu hören, lässt uns in eine Epoche vor 2000 Jahren eintauchen. Man versucht die Instrumente jener alten Zeit zu rekonstruieren, etwa das *pectis*, das wie eine Gitarre mit ausgeleierten Saiten klingt. In diesen Rückübersetzungen steht die Stimme im Vordergrund; die Instrumente dienen lediglich der Begleitung der Poesie, mal perkussiv, um das Tempo zu unterstreichen, mal melodisch, um den Gesang zu untermalen. Und nicht weit von der Insel Lesbos, einige Jahrhunderte nach dem Ableben Sapphos, hat vielleicht eine andere Musikerin diese Gesänge gehört …

Kassia, die Rebellin aus Konstantinopel

Die reiche, schöne und gebildete Kassia von Konstantinopel wurde zu einem Festakt eingeladen, den der Kaiser Theophilos organisiert hatte, um seine zukünftige Frau ausfindig zu machen – wir werden diesen Vorgeschmack auf den *Bachelor*[2] à la Byzanz nicht weiter kommentieren. Der Chronist Symeon Logothetes (10. Jahrhundert) berichtet die Anekdote. Die »unübertroffene Schönheit« Kassias beeindruckte den Kaiser, der an sie das Wort richtete, indem er sich auf die Erbsünde bezog: »Ach, wie viele Übel sind uns nicht durch die Frauen widerfahren!« Die junge Frau soll, indem sie implizit auf die Jungfrau Maria verwies, erwidert haben: »Aber durch die Frau entsteht auch das Gute.« Es gibt unterschiedliche Überlieferungen, mit welchen Worten sie tatsächlich geantwortet hat, aber für ein heiratsfähiges Mädchen waren es sicher nicht die passenden. Es ziemte sich nicht, Schlagfertigkeit, Geist und Gelehrsamkeit gegenüber dem mächtigsten Mann der Region unter Beweis zu stellen. Theophilos wandte sich von Kassia ab und reichte den goldenen Apfel einer anderen, der zukünftigen Kaiserin Theodora.

Da in Byzanz eine Frau sich entweder verheiratete oder ins Kloster ging, wurde aus Kassia von Konstantinopel keine Kaiserin, sondern eine Higumene: eine orthodoxe Äbtissin. Ihr, die sehr früh schon in der Religion Halt fand, bot nun das Kloster alle Freiheiten, religiöse Hymnen, Texte, Gedichte etc. zu kreieren. Aber im Gegensatz zu jenen Sapphos wurden die Manuskripte ihrer musikalischen Werke aufbewahrt. Entsprechend kann die Musik der Kassia von Konstantinopel heute etwas originalgetreuer interpretiert werden als die der Sappho. Gleichwohl ist es schwierig, sich vorzustellen, wie diese Gesänge und Musikstücke zur damaligen Zeit wirklich geklungen haben, zudem nehmen die Künstlerinnen und Künstler, die sich damit auseinandersetzen, Freiheiten für sich in Anspruch: Dieselbe Melodie kann daher bei einer Tonaufnahme auf sehr unterschiedliche Weise gespielt werden.

Gibt es noch andere Komponistinnen aus der byzantinischen Epoche? Ja, sagt uns die Musikologin Diane Touliatos, aber die meisten Partituren aus dieser Zeit wurden mit einer Funktionsbezeichnung oder dem Entstehungsort versehen, nicht mit einem Eigennamen; Letzteres geschah nur dann, wenn er einer musikalischen Berühmtheit gehörte. So ist man auf die Spuren einer gewissen Hagia Sophia von Konstantinopel gestoßen, die ein Manuskript signierte mit: »von der Tochter des Ioannis Kladas verfasst«, der selbst Musiker war. Kassia hingegen unterzeichnete ihre Werke nicht mit dem Namen ihres Vaters. Diane Touliatos schreibt, sie sei »schön und sehr gebildet« gewesen.[3] Sicherlich auch eine der begabtesten Künstlerinnen, denn Kassia ist ebenso für ihre musikalischen Werke wie für ihre Erzählkunst berühmt. In der orthodoxen byzantinischen Tradition gehört beides zusammen, die »Hymnographen« schrieben für ihre Hymnen Musik *und* Text.

Aber eine virtuose Musik zu schreiben reicht nicht. Dass die Verse der Äbtissin so auserlesen sind, beruht auch auf ihrem Wissen. Man muss sich in Rhetorik auskennen wie auch über profunde Kenntnisse der Bibel und der Heiligenleben verfügen – all dies beherrscht Kassia meisterhaft. Und noch genialer ist, dass die Komponistin sich bestimmte religiöse Texte aneignet und ihnen einen feministischen Anstrich verleiht. In ihrer Hymne *I en polles amarties* (›Die in viele Sünden verstrickte Frau‹) beispielsweise erzählt die Äbtissin jene Passage aus dem Lukasevangelium nach, in der eine Sünderin die Füße Jesu küsst und mit ihren Tränen benetzt. Statt die Szene aus einer übergeordneten Perspektive zu präsentieren, versetzt sich Kassia in die Gedanken jener Frau und lässt sie in der ersten Person sprechen: »Deine reinen Füße werde ich küssen und sie wieder durch mein Haupthaar reinigen.«[4]

Die Komponistin ist die einzige Frau, die später (bis ins 16. Jahrhundert hinein) unter den großen Hymnographen der byzantinischen Kirche lobend erwähnt wird. Auch andere Frauen haben komponiert, geschrieben, Werke geschaffen, aber einzig Kassias Texte konnten in die byzantinische Liturgie integriert werden. Manche ihrer Hymnen wurden Männern zugeschrieben, weil man sie für viel zu subtil und zu gut hielt, als dass eine Frau sie hätte verfassen können. Aber die Forschung hat eindeutig bewiesen, dass all das, was man von der Äbtissin wiedergefunden hat, von ihrer Hand und ihrem genialen Geist geschaffen wurde.

Ihre Texte zeugen von einer Freiheit, einem Elan, einer Intelligenz und einem Freimut, der einer Frau würdig ist, die es eines Tages gewagt hatte, den Kaiser zu provozieren. Eine ihrer Hymnen, die man auch heute noch hören kann, verkündet:

Ich hasse den Reichen, der sich beklagt, er sei arm.
Ich hasse jenen, der ohne nachzudenken spricht.
Ich hasse jenen, der ohne Wissen lehrt.
Ich hasse den Untreuen, der den Unzüchtigen verurteilt.

Und das Ganze endet mit dem außerordentlich aktuellen Vers:

Ich hasse das Schweigen, wenn es Zeit ist zu reden.

Hildegard von Bingen, ein historischer Star unter den Komponistinnen

Eine, die kein Blatt vor den Mund nahm, lebte in Rheinhessen. Hildegard von Bingen verbrachte ihre Zeit in dem Kloster, dem sie vorstand, und im Wald, den sie durchstreifte, um dort neue Pflanzen mit Heilkraft zu finden. Manchmal unterbrach sie diese Routine, um vor einer Menschenmenge zu predigen, die eingetroffen war, um sie zu hören. Und wenn sie nicht gerade damit beschäftigt war, zu beten, Champignons zu sammeln, dem Kaiser Ratgeberbriefe zu schreiben, zu zeichnen, den Mond und die Sterne zu studieren oder das Leben in ihrem Kloster zu verwalten, dann komponierte Hildegard von Bingen.

1098 in einer adligen Familie geboren, war sie die Jüngste unter zehn Geschwistern. Mit sieben Jahren verließ das kleine Mädchen die Familie, um zunächst gemeinsam mit einer sechs Jahre älteren benediktinischen Nonne, Jutta von Sponheim, und etwas später von dieser selbst erzogen zu werden. Dieser Weggang war erzwungen, nach der damaligen Tradition mussten kinderreiche Familien mehrere ihrer Nachkommen dem klösterlichen Leben anvertrauen. Hildegard war allerdings ohnehin religiös veranlagt. Bereits mit drei Jahren berichtete sie von ersten Visionen: Sie hörte göttliche Stimmen, hatte ihre Worte und Bewegungen nicht mehr unter Kontrolle und sah ein großes Licht, bevor sie wieder zu Bewusstsein gelangte. Niemand hörte ihm zu, diesem kleinen Mädchen, und es bedurfte mehr als 40 weiterer Jahre, bevor sie erneut ihren mystischen Visionen in Wort und Bild Ausdruck verlieh – in dem Werk *Wisse die Wege – Liber Scivias*.

Bis das Kind, das sein ewiges Gelübde ablegte, um mit 14 Jahren ins Kloster zu gehen, zu der Frau wurde, die Bücher schrieb, einer Gemeinschaft vorstand, die Mächtigen der Kirche beriet und alle möglichen Orte bereiste, um dort zu predigen, spielte sich eine komplexe Geschichte ab, die sich schwer auf den Punkt bringen lässt – so stark haben die Interpretationen seither vieles durcheinandergewirbelt. In jedem Fall belegt all das, was von Hildegard von Bingen erhalten ist – ihre Texte, ihre Zeichnungen, ihre Korrespondenz und ihre Musik –, eines: dass sie eine mächtige Frau war. Nach dem Tode Jutta von Sponheims, der Priorin der Klause, in der sich Hildegard seit 1112 befand, wählten die Nonnen sie in das Amt der Magistra. Sie war inzwischen 38 Jahre alt. 14 Jahre später, im Jahr 1150, schuf sie sich eine eigene Gemeinschaft und bezog als Äbtissin das von ihr gegründete Kloster am Rupertsberg – von dem heute keine Spur mehr erhalten ist.

In den Klöstern[5], denen sie vorstand, führte Hildegard von Bingen eigenwillige Regeln ein, etwa zur Bekleidung ihrer Ordensschwestern an religiösen Festtagen. Eine andere Klostervorsteherin, die sich über deren luxuriöses und deplatziertes Auftreten beklagte, berichtete, dass die »jungen Frauen an Festtagen beim Psalmengesang mit losen Haaren in der Kirche stehen. Als Schmuck tragen sie glänzendweiße Seidenschleier, die so lang sind, dass sie den Boden berühren; auch haben sie golddurchwirkte Kränze auf dem Haupt, in die beiderseits und hinten Kreuze eingeflochten sind, vorn aber geziemend ein Bild des Lammes eingeprägt ist. Dazu sollen ihre Finger mit goldenen Ringen geschmückt sein […].«[6] Auf diese Kritik an ihrer Neigung zum etwas Mondänen antwortete Hildegard von Bingen, dass sich eine Nonne, um sich Christus zu zeigen, so zu schmücken habe wie eine Braut, die sich ihrem Bräutigam präsentiere.

Ihre Eskapaden wie auch ihre Schriften gelangten bis zu dem Kirchenmann und großen Reformator der katholischen Kirche Bernhard von Clairvaux. Er ermunterte sie, von ihren Visionen zu sprechen, und der Papst selbst, Eugen III., gestattete ihr, davon Mitteilung zu machen. Diese allerhöchste Anerkennung erlaubte es ihr, einen immer wichtigeren Platz im religiösen Leben einzunehmen, und gewährte ihr große schöpferische Freiheit. Hildegard von Bingen war nicht nur einfach eine einflussreiche Mystikerin, sondern ebenso eine Heilerin – sie kannte die Pflanzen, die Bäume, die Nahrungsmittel und die Nährstoffe, die wohltuende Wirkung haben. Sie interessierte sich leidenschaftlich für Astronomie, sie zeichnete, schrieb Gedichte … Wenn man, wie bei Sappho, das Leben dieser Mystikerin wiedererfinden müsste, so würde eine Aufspaltung in zwei Hälften nicht ausreichen: Hildegard von Bingen hat tausend Leben gelebt.

Konzentrieren wir uns auf eines dieser Leben, das der Musikerin und Komponistin. Mit der religiösen Musik aufgewachsen, widmet die Äbtissin ihre schriftstellerischen Fähigkeiten und ihre künstlerische Begabung dem Komponieren religiöser Hymnen. In ihrer Gemeinschaft wird jeder Gottesdienst von Musik begleitet, gesanglich wie instrumental. Diese von Kunst getragene Lebensart missfällt einigen strengeren religiösen Instanzen, denen zufolge sich das Gebet in Stille vollziehen muss.

Aber für Hildegard von Bingen muss »Gott mit hellklingenden […] jubelnden Zimbeln« sowie mit Posaune, Harfe, Zither, Pauken, Saitenspiel und Flöte gelobt werden.[7] Um also ihren Gott reich zu bedenken, komponiert sie mehr als 70 Werke, die dem Gottesdienst geweiht und in einem Zyklus unter dem Titel *Symphonia armonie celestium revelationum* (*Die Symphonie der Harmonie der göttlichen Erscheinungen*) zusammengefasst sind. Sie geht sogar noch weiter und vertont ihren berühmten mystischen Text *Scivias*, aus dem nun *Ordo virtutum* wird, eine avantgardistische Partitur – eher ein liturgisches Drama als eine schlichte religiöse Hymne. Die Komponistin inszeniert ihre Visionen, sie schreibt den Text und die Musik zu einer Art Opernvorläufer. In diesem Werk geraten die menschliche Seele, der Teufel und die Tugenden in einen moralischen Kampf miteinander, vermittelt durch Gesänge von großer Virtuosität. Selbstverständlich lässt sich der Notation von damals nicht eindeutig entnehmen, was man in der Abtei auf dem Rupertsberg hat hören können, aber die Experten sind sich darin einig, dass *Ordo virtutum* den Sängerinnen enorme Fähigkeiten abverlangt, insbesondere was den Ambitus, also den Stimmumfang, anbetrifft, da es von tief unten nach weit oben geht.

Es ist nicht erstaunlich, dass die Werke dieser Mystikerin wie göttliche Musik klingen. Die Stimmen sind zart, überirdisch, entrückt. Manchmal verwendet Hildegard Dissonanzen, Noten, die sich aneinander reiben, aber nicht für lange; sehr bald gewinnt Harmonie wieder die Oberhand und lenkt die Aufmerksamkeit auf die Stimmen und Texte. Es erfordert eine gewisse Gewandtheit, diese Musik zu interpretieren. Und eine gewisse Kraft. Man ist weit entfernt von den heutzutage in den Kirchen angestimmten Liedern, die dafür geschrieben wurden, dass eine ganze Gemeinde sie, ohne allzu viele Misstöne zu produzieren, im Chor singen kann. Die Äbtissin schrieb anspruchsvolle, übersinnliche Hymnen, und wir stellen sie uns vor, wie sie ihre Musik anderen Ordensschwestern diktierte und sie schließlich dirigierte, um daraus ein eigenständiges Kunstwerk zu machen.

Lange Zeit war das Bild von der Komponistin vom Ruhm der Heilerin überstrahlt. Während der Hippiebewegung öffneten verschiedentlich Hildegard-Institute ihre Pforten, die den Lehren dieser mittelalterlichen Naturheilkundlerin folgten. Erst später, in den 1980ern, wurde das musikalische Werk Hildegards von Bingen wiederentdeckt, vor allem dank der Aufnahmen des Ensembles Sequentia, das auf das Repertoire mittelalterlicher Musik spezialisiert ist. Hildegard von Bingen wurde zu einer der wenigen Komponistinnen, die in den Alben alter Musik auftauchen, neben so manchen männlichen Tonkünstlern, deren Werke zumeist später als die der deutschen Komponistin geschaffen wurden.

Ihre Musik inspiriert weiterhin auf alte Musik spezialisierte Ensembles, aber mehr und mehr auch Künstlerinnen wie z. B. die Sopranistin Sabine Devieilhe, die üblicherweise große Rollen in romantischen oder Barockopern singt. Begleitet von dem Elektromusiker Superpoze hat sich die französische Sängerin auf dem Festival Variations im Dezember 2019 die Lieder der Hildegard von Bingen zu eigen gemacht. In dieser – vom Treuezwang zur historischen Partitur befreiten – Interpretation bleibt einzig die überwältigende Stimme, wunderbar hervorgehoben durch den Minimalismus der elektronischen Musik. Dies zeigt die Begeisterung, die diese mystische Komponistin noch Jahrhunderte nach ihrem Tod hervorruft.

Wenn sich Deutschland einer so wichtigen Persönlichkeit der mittelalterlichen Welt wie Hildegard von Bingen rühmen kann, so kann Frankreich durchaus mithalten …

Trobairitz: eine französische Ausnahmeerscheinung[8]

Castelloza trägt ein kurzes Kleid, man sieht ihre mit roten Strümpfen bekleideten Beine. Sie hat die Haltung einer Betenden. Auf einem am Boden liegenden Kreuz ruht ein weißes Lamm. Das ist die Darstellung einer reuigen Sünderin. Béatriz de Dia ihrerseits ist eine schwangere Tänzerin, die ein bis zu den Knien geschlitztes Kleid und mit roten Knoten geschnürte Stiefeletten trägt. Was Azalaïs de Porcairagues betrifft, so rafft sie ein tief ausgeschnittenes Kleid bis zu den Oberschenkeln hoch. Die roten Strümpfe fallen auf ihre hufartigen Füße. Sollten die Trobairitze unanständige Frauen, abscheuliche Hexen oder, schlimmer noch, der fleischgewordene Teufel gewesen sein? Dies dürfte die Absicht jener Miniaturen gewesen sein, die im Liederbuch von Béziers[9] die weiblichen Troubadoure darstellen sollen – folgt man der Beschreibung Angelica Riegers, Fachfrau für mittelalterliche Literatur. Gemäß dieser Vorstellungswelt handelt es sich um unsittliche Frauen. Dieses entwürdigende Bild der mittelalterlichen Komponistinnen verfestigte sich lange Zeit nach ihrem Ableben, und dann immer mehr. So findet beispielsweise der Linguist und Philologe Alfred Jeanroy im 19. Jahrhundert, dass die Dichtung dieser Musikerinnen eine »schockierende Abkehr von aller Scham und allem Anstand« sei. Der Grund? Wie Sappho sprechen diese Frauen von Liebe, in aller Freimut.

Im Gegensatz zu den Troubadouren, die komponieren, um materielle Bedürfnisse zu befriedigen und für ihren Unterhalt zu sorgen, schreiben und singen die Trobairitze zum Vergnügen. Adlig, reich und gebildet, gehören sie alle zur feinen Gesellschaft. Diese Unterscheidung zwischen den Männern und den Frauen ist in den poetischen Texten jener Zeit spürbar. Während die Troubadoure einer strikten Regel unterworfen sind – diejenige oder denjenigen zu preisen, die bzw. der ihnen den Auftrag erteilt hat –, können die Trobairitzen ihrer

Phantasie freien Lauf lassen und sehr viel intimere Werke hervorbringen. Die Liebe bleibt das Hauptthema der ganzen lyrischen Dichtung vom 11. bis 13. Jahrhundert, jener Epoche, die vom *fin'amor*, der Minne bzw. der höfischen Liebe, geprägt ist. Dieses Genre entfaltet ein Ideal von Liebe, das auf der Ritterlichkeit basiert. Ein Mann muss, um die Liebe einer Frau zu verdienen, eine bestimmte Anzahl an Vorzügen haben und diese unter Beweis stellen. Die Frau ihrerseits ist eine unerreichbare Figur, der er sich mit Hilfe seines Ehrgefühls, seiner edelmütigen Empfindungen und einer Art Unterwerfung zu nähern versuchen muss. Anders gesagt: Eine Prinzessin erwartet von der Höhe ihres Turmes aus, dass der Prinz seinen Wert unter Beweis stellt, indem er einen Drachen tötet und dann kommt, um sie zu heiraten. Die Texte der Troubadoure funktionieren nach diesem Muster und suchen den Damen des Hofes zu schmeicheln. Die Frauen aber können dieses Regelsystem nicht auf ihre Gedichte anwenden. Sie schaffen sich also ein besonderes Genre, ein Werk, das nicht unmittelbar dem *fin'amor*, dem Minnesang, folgt, sondern freimütiger, direkter, nahezu provokant ist. Umgekehrt gehen die männlichen Werke das Thema Liebe mit dem größten Feingefühl der Welt an, um die liebreizenden Damen ja nicht zu brüskieren. Die wenigen, über die Jahrhunderte hinweg geretteten Gedichte der Troubairitze ähneln Tagebüchern, in denen tiefe oder unverhohlen anzügliche Empfindungen preisgegeben werden, wie man in dem Gedicht *Ich hatte große Sorge und Kummer* der Comtessa de Dia nachlesen kann:

Ben volria mon cavallier	Ich wünschte wohl, meinen Ritter
tener un ser e mos bratz nut,	einen Abend nackt in meinen Armen zu halten,
q'el sen tengra per ereubut	und ich wollte, daß er sich glücklich schätzte,
sol q'a lui fezes cosseillier;	allein darum, daß ich ihm als Kissen diente.
car plus m'en sui abellida	Denn ich bin verliebter in ihn
no fetz Floris de Blanchaflor:	als Floris in Blanchefleur,
eu l'autrei mon care m'amor	ich schenke ihm mein Herz und meine Liebe,
mon sen, mos huoills e ma vida.	meinen Sinn, meine Augen und mein Leben.[10]

War sie wirklich eine Comtessa? Vielleicht. Die Quellen schildern ihre Abstammung unterschiedlich, sind sich aber bei ihrem Vornamen einig: Béatrice. Béatrice de Die oder Beatritz de Dia auf Okzitanisch. Diese Trobairitz kam aus der Region Drôme und widmete ihr Leben der Dichtung, der Musik und dem Gesang. Die meisten ihrer Zeitgenossinnen stammten ebenfalls aus dem Süden Frankreichs. Im Norden stößt man auf Minnesänger, die in einem der nordfranzösischen Dialekte dichten, aber dort finden sich keine Spuren von Komponistinnen. Vielleicht gab es sie, aber ihre Werke und Namen sind verlorengegangen. Im Süden hingegen sind die Trobairitze durchaus augenfällig: Gegenüber ca. 400 identifizierten männlichen Troubadouren kommt man immerhin ungefähr auf um die 20 Frauen. Wie lässt sich diese geographische Diskrepanz erklären? Mit der vorteilhaften politischen Situation: In Okzitanien war die Zeit dem Adel, der Kunst, dem Luxus günstig. Und zwei Rechtskodizes, der justinianische und der theodosianische, verliehen den Frauen gewisse »Privilegien« wie die Möglichkeit, auch nach der Ehe Eigentümerin ihrer Mitgift zu bleiben oder bei der Aufteilung der Güter den gleichen Anteil wie ihre Brüder zu erhalten. Während der ganzen Epoche des Mittelalters ist in dieser an Europa gemessen so kleinen Region ein seltenes Phänomen zu beobachten: Die Frauen haben ein Auskommen und das Recht, schöpferisch tätig zu sein.

Unter den erhaltenen Werken dieses Genres sind die meisten Gedichte ohne musikalische Notation. Aber alles, was von Troubadouren und Trobairitzen geschrieben wurde, musste gesungen und von damaligen Instrumenten begleitet werden – etwa von der Fidel, der Vorfahrin der Geige, jenem Instrument, das im Mittelalter wegen seiner Ausdrucksstärke und seiner Nähe zum Timbre der menschlichen Stimme am meisten geschätzt wurde. Die Melodie wird von nur einer Person vorgetragen: daher der Vorrang des Textes vor der Stimme – die Polyphonie wird erst später in Erscheinung treten. Die Gedichte mit ihren Reimen, ihrer Struktur, den verwendeten Worten klingen bereits wie Lieder, und die Kunst zielt genau darauf ab, das Okzitanische bis zur Perfektion zu beherrschen und zu verherrlichen.

Abgesehen von den Gedichten deuten andere Spuren darauf hin, mit wem wir es bei den Trobairitzen zu tun haben. In anderen Miniaturen ähneln keineswegs alle Hexen, ganz im Gegenteil. Meist sind die Musikerinnen in einem langen einfarbigen, häufig roten Kleid dargestellt. Auf einigen Porträts treten Adelszeichen zutage: Knöpfe, um Ärmel und Krägen zu schließen, oder Pelz. Diese Frauen nehmen alle die gleiche Haltung ein: eine Hand in der Tasche (denn die Kleider hatten damals Taschen!) oder hinter dem Rücken, die andere erhoben, als würden sie etwas vortragen. Troubadoure und Trobairitze werden im Eifer des Gefechts dargestellt: beim Singen. Das beweist, dass diese Künstler, jenseits der Erschaffung eines Werks, größtenteils Interpreten waren. In jenen Darstellungen unterscheidet sich die Comtessa de Dia von den anderen durch die Häufigkeit, in der sie erscheint, aber auch durch die Art der Darstellung: hier mit einem langen Hermelinmantel, dort mit einem Falken auf ihrer rechten Hand, dem Symbol von Herrschaft.

Im Jahr 1888 wurde in der Stadt Die eine Statue mit ihrem Konterfei aufgestellt. Wie konnte diese Frau über die Jahrhunderte hinweg solche Hochachtung erlangen? Nicht zuletzt wegen eines Liedes: *A chantar m'er* (*Ich muss singen*). Es handelt sich, unter allen von den Trobairitzen geschriebenen Texten, um das einzige Gedicht, zu dem die Musik erhalten blieb. Es ist schwer, sich eine Vorstellung von der Schönheit des Gedichts zu machen, ohne die okzitanische Sprache zu kennen. Einer der großen Experten für die Dichtung dieser Epoche, der Historiker François Raynouard, bestätigt: »Ich glaube nicht, dass eine Liebeselegie jemals mit mehr Anmut und Hingabe eine so zärtliche, zugleich aber auch leidenschaftliche Zuneigung ausgedrückt hat. Das wahrste, das auserlesenste Gefühl hat dieses Stück inspiriert.« Die Übersetzung gibt zumindest einen Einblick in die Stimmung – in die Geschichte einer unglücklichen Liebe:

Merauill me cum vostre cors s'orguoilla,	Es wundert mich, dass Ihr so abweisend zu mir seid,
amics, vas me, per q'ai razon qe'm duoilla;	Freund, darum habe ich Grund, traurig zu sein.
non es ges dreitz c'autr'amors vos mi tuoilla	Es ist nicht recht, dass eine andere Liebe mir Euch raube,
per nuilla ren qe'us diga ni'us acuoilla;	wie immer sie zu Euch sprechen und Euch empfangen mag.
e membre vos cals fo'l comensamens	Erinnert Euch doch, wie es am Anfang

de nostr'amor, ia Dompnideus non vuoilla	unserer Liebe war! Verhüte Gott,
q'en ma colpa sia'l departimens!	dass ich Schuld an der Trennung trage![11]

In den mittelalterlichen Archiven fasst man das Leben dieser Musikerin häufig in zwei Zeilen zusammen: »Die Comtessa de Dia, Ehefrau des Guillaume de Poitiers, war schön und gut: Sie verliebte sich in den Lehnsherrn Raimbaut d'Orange und schrieb viele gute Gedichte über ihn.« Nur sind die Quellen dieser *vida* (so nennt man kurze Biographien eines Troubadours oder einer Trobairitz, verfasst im 13. Jahrhundert) kaum verlässlich. Häufig sind die Texte wenig sachkundig, übertrieben, wenn nicht gar vollkommen falsch. Die Forschungen zu Béatrice de Dia brachten widersprüchliche Informationen über ihr Leben hervor, bis hin zu einer Verdopplung, wie bei Sappho: Existierten vielleicht eine Mutter und eine Tochter gleichen Namens? Eine andere große Frage der Deutung betrifft ihre Musik. Unter all den Versionen, die man von ihrem Lied *A chantar m'er* anhören kann, ähnelt nicht eine der anderen. Das hängt mit der epochenbedingten Notation zusammen: Es gab kein verschriftlichtes Taktmaß, keine Rhythmusangabe und keinen Hinweis auf die Instrumente, die den Gesang begleiten. Wir haben nur die Noten, und jede Interpretin, jeder Interpret kann sie zum Klingen bringen, wie sie bzw. er es sich denkt.

In ihren Aufnahmen des Lieds nutzt Montserrat Figueras Verzierungen, als ob sie ihre Stimme besser zum Schwingen bringen und ihre ganze Emotion hörbar machen wollte. Die spanische Sängerin, berühmt für ihr Engagement für das jahrhundertealte Repertoire, unterlegt all ihren Interpretationen Melancholie und Gefühl, ohne jemals sängerische Kniffe zu verwenden: keine Vibratos und keine Effekte, die den Klang ihres Gesangs verformen könnten. Beim Hören nimmt man sofort die Klage, die Liebeserklärung, die Trauer oder die Freude wahr. In *A chantar m'er* weint man mit ihr um diese enttäuschte, verlorene Liebe.

Die wenigen Erfahrungsberichte über die Trobairitze wurden im Laufe der Jahrhunderte durch deren vermeintlich schlechten Ruf getrübt, ein Bild, das anscheinend die Oberhand über die Schönheit ihrer Kunst gewann. Man musste bis zu den 1970er Jahren und bis zur

Frauenbewegung warten, damit ihre Werke und Erzählungen wieder goutiert wurden – vor allem dank der Recherchen von Meg Bogin, die an die 20 mittelalterliche Komponistinnen ihrem Schattendasein entriss. Auch die Musikwelt machte sich verhalten dieses Corpus zu eigen. Aber wie soll man diese Gedichte in Klang umsetzen, ohne jeglichen musikalischen Hinweis? Indem man einer im Mittelalter verbreiteten Vorgehensweise folgt: dem Gedicht eine Musik mit der gleichen Struktur unterlegen. So kann dieselbe Melodie zu den von verschiedenen Personen geschriebenen Texten gesungen werden. Indem sie die Gedichte der Trobairitze mit bestimmten, auch musikalisch überlieferten Werken der Troubadoure verglichen, konnten darauf spezialisierte Ensembles die Lieder interpretieren, ohne dabei Verrat an der Musik zu begehen – ein Zugang von unschätzbarem Wert zu einem weiblichen Werk, das während zwei Jahrhunderten im ganzen Süden Frankreichs erklang.

Von der Antike bis ins Mittelalter, d. h. über mehr als zehn Jahrhunderte, haben Frauen am musikalischen Leben teilgenommen. Die Bilddarstellungen der Musikerinnen belegen ihre Präsenz; die ersten Notentexte, notiert für männliche und weibliche Stimmen, bestätigen, dass sie sangen, und die Namen der Komponistinnen, an die in diesem ersten Kapitel erinnert wurde, beweisen, dass Komponieren niemals eine ausschließlich männliche Sache war. Selbst im Mittelalter, einer Epoche, die man häufig für die Frauen als barbarisch ansieht, haben sie Mittel gefunden, sich Gehör zu verschaffen.

In der Renaissance machten sie sich rarer, daher habe ich diese in musikalischer Hinsicht doch so reiche Epoche bewusst ausgelassen. Die Entwicklung der Polyphonie und die Erfindung des Buchdrucks erlaubten die Vervielfältigung einer großen Zahl an Partituren. In diesem Kontext sticht eine Pionierin hervor: Maddalena Casulana, die erste italienische Komponistin, die ihre Werke drucken ließ und ihre Musik in Italien veröffentlichte. Die Musikerin tat sich mit der Abfassung von Madrigalen hervor, einer Gesangsform, die *a cappella* vorgetragen, in der Renaissance sehr *en vogue* war. Allerdings ist von ihrem Leben nur wenig überliefert – eben außer ihrer Musik von großer Subtilität.

Es ist kein Zufall, dass diese Komponistin aus Italien stammt. Das Land lebt für die Musik, und auf ebendem italienischen Terrain entsteht die Barockmusik zur gleichen Zeit wie eine Gattung, die seither nicht mehr aus der Musikgeschichte wegzudenken ist: die Oper.

Playlist 1

Iphigenia in Aulis vom Ensemble Kérylos, das auf die Musik des antiken Griechenlands spezialisiert ist

Die Rekonstruktion der Musik des antiken Griechenlands anhand von Gedichten der Sappho sowie ihrer Zeitgenossen vom Ensemble Melpomen

Byzanthine Hymns of the First Female Composer of the Occident, vom Ensemble VocaMe

Hildegard von Bingen, *Inspiration. Hildegard von Bingen: Lieder und Visionen*, vom Ensemble VocaMe

Hildegard von Bingen, *Ordo virtutum*, vom Ensemble Sequentia

Hildegard von Bingen, Improvisationen zu *O quam mirabilis* von dem Maîtrise de Radio France (dem Kinderchor von Radio France)

Variations, Superpoze und Sabine Devieilhe spielen Hildegard von Bingen

Béatriz de Dia, *A chantar m'er*, interpretiert von Montserrat Figueras in: *Chants de troubadours*, vom Ensemble Hesperion XX

2 Die Stars des Barock

Wenn Sie einige Noten auf einem Cembalo, einer Blockflöte oder einer Viola da Gamba hören (dem Instrument, das in Alain Corneaus Film *Tous les matins du monde – Die siebente Saite* im Mittelpunkt steht), dann stehen die Chancen ganz gut, dass Sie im Begriff sind, Barockmusik zu hören. Die Musikinstrumente haben nun nicht mehr bloß die Aufgabe, die Stimme zu begleiten, sie verkörpern die Melodie, mal für einen Tanz, mal um die Natur oder auch einen Bewusstseinszustand zu beschreiben. Das ist der Beginn der Sonaten und der Konzerte, und das ist auch der Beginn der Virtuosen, denn die Barockmusik spielt mit der Improvisation und noch mehr mit der Extravaganz. Man stößt dabei auf zahlreiche Frauen. Die Musikerinnen sind (noch) nicht aus dem musikalischen Leben ausgeschlossen, ihre Stimmen sind gefragt, und manchen gelingt es sogar, an den größten Höfen Europas den Rang einflussreicher Komponistinnen zu erlangen. Um die Reise zu beginnen, nehmen wir Kurs auf Italien, die Wiege der Barockmusik und das Land, das den weiblichen Kunstschaffenden äußerst wohlgesinnt ist.

Die Waisenmädchen von Venedig

Im Herzen dieser Stadt erklang Musik »in den Straßen, den Kanälen, aus den Gondeln, überall auf den Plätzen«. Der Historiker Patrick Barbier erklärt diese Omnipräsenz mit der Stille, die in der Stadt herrschte. Im 18. Jahrhundert kannte Venedig keinerlei Lärm: Die Gondeln zogen vorüber ohne großes Plätschern, die Gässchen waren zu eng für ein Gefährt, das das Pflaster zum Dröhnen brächte, die Stadt war wie erstarrt in einer Ruhe, die vielleicht manchmal schwer zu ertragen war. Die Gesänge und die Instrumente brauchte es demnach, um die venezianische Stille zu kompensieren. Es wimmelte dort nur so von Künstlern – seien es Profis oder Laien. Unter allen Formen der musikalischen Ausbildung war die erfolgreichste, die spektakulärste und die beneidetste diejenige in den *ospedali*. Es ist nicht leicht, eine passende Übersetzung für diese besonderen Orte zu finden, die zwischen Armenspital und Konservatorium, Waisenhaus und Kloster changierten: Die *ospedali* boten in der Republik Venedig verwaisten Kindern und unterschiedlichen Kranken eine Unterkunft. Es gab vier davon: Dasjenige, das uns interessiert, war das zweitälteste, das Ospedale della Pietà, 1346 gegründet; es nahm nur Mädchen auf, Waisen, uneheliche Kinder oder solche aus benachteiligten Familien. Sie erhielten dort eine Unterkunft, wurden ernährt und für das religiöse oder eheliche Leben erzogen. Es gab kein Aufnahmekriterium außer der Körpergröße, denn die Babys wurden durch eine enge Luke neben der Eingangstür abgegeben.

Diese öffentlichen Einrichtungen, ab dem 16. Jahrhundert von Gouverneuren, also Nicht-Geistlichen, verwaltet, boten gleichwohl die Möglichkeit, eine geistliche Laufbahn zu wählen. Jedes der Spitäler besaß eine Kapelle, in der Messen gesungen wurden. Eine der ersten Aufgaben der Kinder war es also, den Chor bei den öffentlichen Gottesdiensten zu unterstützen. Das Problem im Ospedale della Pietà: Es beherbergte nur Mädchen, Frauen durften aber in katholischen Kultstätten nicht singen – und dies schon seit der zweiten Synode von Auxerre im Jahre 578, die die Frauen aus den Kirchengesängen verbannt hatte. Dieses Verbot sollte bis ins 20. Jahrhundert gelten. Und vor 578? Damals hatten die Frauen die Erlaubnis, in Kirchen zu singen, aber in einem von den Männern getrennten Chor (Synode von Antiochia im Jahr 379). Man würde noch bis 1953 warten müssen, bis Papst Pius XII. den Frauen die Genehmigung zum Singen erteilte, aber nur jenseits des abgeschlossenen Chorraumes, versteht sich. Er verkündete mit der gleichen Vorsicht wie seine Vorgänger von 379: »Die Männer sind von den Damen und Mädchen getrennt, um jegliche unangenehmen Folgen zu vermeiden.«

1983 wurden diese Verbote schließlich aufgehoben, dann vier Jahre später erneut diskutiert von der Kongregation für den Gottesdienst und die Sakramentenordnung, die schließlich aufs Neue den Frauen verbot, Teil eines Kirchenchors zu werden. Heute gibt es immer noch einige Vorbehalte, Mädchen in von Jungen dominierten liturgischen Chören zu akzeptieren, aber es bleibt bei Ausnahmen. Aus diesen Jahrhunderten des Zögerns folgt, dass sich die katholische Kirche 2000 Jahre lang die Stimmen von Frauen und gemischten Chören in ihrer Kirche versagte. Nur die Nonnen verstießen gegen diese Vorschrift, ebenso wie die Mädchen des Ospedale della Pietà – ein Privileg, das auf Männer wie Frauen, die auf der Durchreise Venedig besuchten, großen Eindruck machte. So ging es etwa der Malerin Élisabeth Vigée Le Brun, die im Jahr 1770 schrieb:

> Dennoch muss ich sagen, dass keine Musik der gleichkam, die ich in einer Kirche Venedigs hörte. Die einfachen, melodischen Gesänge wurden von ganz jungen Mädchen ausgeführt, deren frische, schöne Stimmen wahrhaft himmlisch klangen. Die Sängerinnen standen auf erhöhten, vergitterten Tribünen, so daß man sie nicht sehen konnte; mir erschien es, als käme die Musik vom Himmel und würde von Engeln gesungen.[1]

Wieso hatten diese Mädchen das Recht, an heiligen Orten zu singen und sich später auch in der Öffentlichkeit bei von den *ospedali* organisierten Konzerten zu präsentieren? Ganz einfach, weil diese ausgesetzten Kinder so eingesperrt lebten wie Nonnen. Sie waren rein und jungfräulich – notwendige Voraussetzungen, um in einer Kirche die Stimme zu erheben. Mit anderen Worten: Sie wurden als Engel angesehen, als Wesen ohne Geschlecht. Aber es stellte sich der gegenteilige Effekt ein. Sie lösten, ohne es zu wollen, Phantasien aus: Sichtbar, ohne gesehen zu werden, konnte man sie hinter einem Gitter erahnen, ihre Silhouetten zeichneten sich auf den Emporen ab, und ihre Stimmen, den Sirenen gleich, bezirzten und verführten die Besucher. Die Chöre des Ospedale della Pietà wurden jenseits ihrer musikalischen Qualität zu einer Touristenattraktion. Was die Verwalter der Einrichtung sehr wohl verstanden: Sie organisierten Konzerte, wandten sich an die besten Komponisten der Stadt und gingen sogar so weit, dass sie Mädchen wegen ihres musikalischen Talents und nicht mehr aus karitativen Gründen auswählten.

Es kam zu einem wahrhaften Wettstreit zwischen den Spitälern, aber das Ospedale della Pietà sollte sie alle ruhmreich übertrumpfen – dank der Ankunft einer Persönlichkeit, eines Meisters der Violine namens Antonio Vivaldi. Angeregt von diesen brillanten Musikerinnen – die für die Musik weniger Begabten wurden zum Erlernen von Haushaltstätigkeiten und Handarbeiten abgeschoben – komponierte Vivaldi. Was die Stimmen anbetrifft, so unterteilten sich die jungen Sängerinnen, um an Intensität und Virtuosität zu gewinnen, in vier Lagen wie bei einem gemischten Chor: Sopranistinnen, Altistinnen, Kontraaltistinnen (die den normalerweise von Männern bestrittenen Part des Tenors übernahmen) und Bassistinnen, mit einer Transkription auf die nächsthöhere Oktave. Im Orchester begleiteten die dunkleren Instrumente (Violoncello, Bass ...) die tiefere Abteilung des Chors, so dass die Wiedergabe ebenso schön klang, als wären Männerstimmen beteiligt. Zudem deckten die Mädchen des Ospedale della Pietà alle musikalischen Bereiche ab: Hinter jedem Notenständer begegnete man Instrumentalistinnen, auch an jenen Instrumenten, die ein Jahrhundert später als »männlich« und für Frauen verboten dekretiert wurden – aber darauf kommen wir noch zu sprechen.

Diese musikalische Lebendigkeit erlaubte es Vivaldi und anderen zeitgenössischen Komponisten, erstklassige Werke vorzulegen, vor allem in Gestalt zweier großer Formen: des Oratoriums (einer Art Oper ohne szenische Umsetzung) und des Konzerts (eines Werks für Orchester und Soloinstrument). Die begabtesten Solistinnen konnten darin brillieren, blieben aber fast immer anonym. Denn von den meisten kannte man den Familiennamen nicht. Jede der Bewohnerinnen wurde mit ihrem Vornamen und ihrer musikalischen Funktion gerufen: Sopran, Trompete, Orgel, Geige – wie etwa Anna Maria dal Violin [›Anna Maria von der Geige‹], eine der Favoritinnen Vivaldis, für die er zahlreiche Violinkonzerte komponierte. Diese Waise verbrachte ihr ganzes Leben im Ospedale della Pietà. Eine brillante Musikerin, sie spielte Geige, aber auch Violoncello, Oboe, Laute, Mandoline, Cembalo und die bratschenähnliche Viola d'Amore. Dies letztgenannte Instrument ist eine Verwandte der Geige, an der man eine zweite Reihe Saiten angebracht hat, die als Resonanzsaiten bezeichnet werden, da sie vibrieren, ohne vom Bogen berührt zu werden. Die Herkunft seines Namens verdankt sich entweder der orientalischen Welt – das Instrument wurde zunächst nach dem Nomadenvolk aus Nordafrika »Viola der Mauren« und erst mit der Zeit »Viola der Liebe« genannt – oder dem Frauenkopf mit verbundenen Augen, dem Symbol blinder Liebe, das als Schnitzerei das äußerste Ende des Instruments ziert.

Anna Maria dal Violin musizierte und unterrichtete junge Pflegekinder. Allerdings blieben nicht alle im *ospedale* für immer weggeschlossen. Diejenigen, die heirateten, konnten die Einrichtung verlassen, unter einer Bedingung: Sie durften niemals ein Konzert geben oder ihre musikalische Begabung zu kommerziellen Zwecken einsetzen. Die Mädchen, die das Ospedale della Pietà verließen, gaben damit jede mögliche Karriere auf. Manche umgingen die Vorschrift und machten sich einen Namen im venezianischen Musikleben, wie die Komponistinnen und Sängerinnen Vincenta da Ponte, Anna Bon – die mit fünf Jahren und nicht als Internatsbewohnerin, sondern als externe Schülerin ins Ospedale aufgenommen wurde – oder auch Maddalena Laura Lombardini Sirmen, Komponistin und Violinistin, die ebenfalls am Ospedale dei Mendicanti als Schülerin zugelassen war (in derlei Fällen musste man für den Schulbesuch zahlen) und die sich nach bestandenem Schulabschluss eine schöne Karriere als Musikerin und Komponistin aufbaute.

Aber unter den Tausenden von Pensionatsschülerinnen, die das Ospedale della Pietà aufnahm, sind die eben Genannten Ausnahmegestalten. Die meisten der Musikerinnen, selbst die begabtesten, gerieten in Vergessenheit, sobald die Hochzeit besiegelt oder der Schleier genommen war. Diese genialen Musikerinnen, die ihre Tage ganz ihrer Ausbildung im Umfeld der größten Meister Venedigs widmeten, sind anonym geblieben.

Gerüchte, Opern und eine rebellische Nonne

Sie posiert im roten Rock, mit Blumen im Haar und geröteten Wangen, dabei hält sie in ihrer rechten Hand eine Viola da Gamba. Ihre Brust quillt unter dem Oberteil hervor, ihr Busen ist sichtbar. Wen repräsentiert dieses Gemälde? Eine Kurtisane? Eine Prostituierte? Nein, diese Leinwand, 1630 gemalt und »Eine Gambenspielerin« untertitelt, wurde jüngst als das Porträt von Barbara Strozzi (1619–1677) identifiziert, einer im barocken Italien anerkannten Komponistin. Da es keine weitere Darstellung dieser Musikerin gibt, bleiben Zweifel bestehen. Aber es ist zu spät: Das Bild einer frivolen Barbara Strozzi, also einer Frau mit »schlechtem Lebenswandel«, taucht nun überall auf, sogar auf ihrer Wikipedia-Seite, was ihre Rehabilitierung als ernsthafte und respektierte Komponistin ersten Ranges schwierig macht.

Wie kann man sich solche Ungleichbehandlung erklären, wenn man die Schlichtheit, wenn nicht gar Erhabenheit betrachtet, die die Porträts männlicher Komponisten prägt? Die Epoche verbietet Frauen, wie wir gerade gesehen haben, in den Kirchen ihre Stimme zum Klingen zu bringen, und Opernsängerinnen werden häufig als Kurtisanen eingestuft. Barbara Strozzi, die zugleich Sängerin, Instrumentalistin und Komponistin ist, entgeht den abwertenden Gerüchten nicht, die selbst in den höchsten Kreisen der Gesellschaft kursieren. Denn man spricht im musikalischen und intellektuellen Milieu ständig über sie. Man kommentiert ihr Werk, ihre Begabung und misstraut ihr. Die Musikerin entscheidet sich dafür, niemals zu heiraten, und bringt vier Kinder zur Welt, deren Väter unbekannt sind und die sie allein aufzieht. Sie selbst wird niemals sicher wissen, wer ihr Vater ist. Sie wurde von dem Librettisten Giulio Strozzi adoptiert, dem das Mädchen eine literarisch wie musikalisch reiche Bildung verdankt. Ihr Adoptivvater führt sie in die Akademien ein, Orte des intellektuellen Zusammentreffens; dort verlangt man von der jungen Frau, aus dem Stegreif zu komponieren, zu eigens für diesen Anlass verfassten Texten. Sie brilliert angesichts solcher Herausforderungen sowohl als Komponistin als auch als Sängerin.

Der Rest ihrer Biographie liegt weitgehend im Dunkeln; einzig der Name eines ihrer Musiklehrer bleibt bekannt: Francesco Cavalli, einer der für die Barockzeit bedeutendsten italienischen Komponisten. Diese Information erscheint auf der ersten Sammlung ihrer Werke, die den Titel *Il Primo libro di Madrigali* trägt und 1644 veröffentlicht wird. Die Musikform des Madrigals entstammt der Renaissance, man singt es zwei- bis achtstimmig auf der Grundlage weltlicher Lyrik. Strozzis erste Sammlung beinhaltet ausschließlich Liebeslieder zu Gedichten ihres Vaters, aber manche Passagen beziehen sich thematisch auch auf Natur oder Politik. Diese musikalische Gattung wird zu Beginn der Barockzeit, in der ersten Hälfte des 17. Jahrhunderts, an Bedeutung verlieren, sie gilt jedoch weiterhin als Feuertaufe für junge Künstler. Barbara Strozzi, 1619 geboren, wird zu Beginn ihrer Karriere dieser Regel folgen, dann aber bald diese Gattung vernachlässigen, um sich anderen, gefragteren Musikformen zuzuwenden, wie etwa den Kantaten, die weltlich sein können oder auf religiösen Texten basieren, oder den Arien, also Weisen, die komponiert wurden, um eine Stimme oder ein Instrument brillant zur Geltung zu bringen.

Zwischen 1644 und 1677 veröffentlicht Barbara Strozzi vier Bände mit Vokalpartituren, insgesamt ungefähr 125 Stücke hauptsächlich weltlicher Musik. Wenn man alle Genres berücksichtigt, ist sie die produktivste Komponistin im Italien ihrer Epoche. In privaten und intellektuellen Kreisen gespielt, erzählt ihre Musik von Liebe und Leidenschaft. Eine der heute bekanntesten Melodien trägt den Titel *Che si può fare* (*Was kann ich tun*[2]), eine ergreifende Klage, die sich im achten und letzten von Barbara Strozzi publizierten Sammelband findet.

Che si può fare	Was kann ich tun?
Le stelle rubelle	Die feindseligen Sterne
Non hanno pietà;	haben kein Mitleid;
Se 'l Cielo non da	Und wenn der Himmel
Un influsso di pace al mio penare	meinem Leiden nicht etwas Ruhe gibt
Che si può fare	Was kann ich tun?
Che si può dire	Was kann ich sagen?
Dagl'astri disastri	Von den Sternen regnet ständig
Mi piovano ogn'or; [...]	Unheil auf mich herab; [...][3]

Dank ihrer Veröffentlichungen ist die Italienerin finanziell unabhängig, kommt allein für die Bedürfnisse ihrer Kinder auf und wird so zur ersten professionellen Komponistin der Musikgeschichte. Man verweist auf sie, wenn von der Oper, der im Barock entstehenden Musikgattung, die Rede ist, ohne dass sie je eine Note dafür geschrieben hätte. Aus ihrer Perspektive handelt es sich dabei um eine strategische Entscheidung. Als Musikerin ist ihr Ruf prekär; sie weiß das und muss ohnehin dafür zahlen. Sich an der Oper zu exponieren, hätte mit Sicherheit ihr Werk von vornherein diskreditiert und ihre Position in der Gesellschaft geschwächt, denn für die Frauen darf Musik nur eine Liebhaberei sein. Einige – Nonnen, Aristokratinnen oder den Mächtigen Nahestehende – machen diesbezüglich gleichwohl eine Ausnahme. Und das ist bei Francesca Caccini der Fall.

Im Gegensatz zu Barbara Strozzi hat sich diese aus Florenz stammende Musikerin in der Welt der Oper entwickelt: Sie gilt als die erste Frau, die Opern komponiert hat. 1587 geboren, im Übergang von der Renaissance zum Barock, ist Francesca Caccini bei der Uraufführung von Monteverdis *Orfeo* 20 Jahre alt. Sie wohnt also einem Wendepunkt der klassischen Musik bei. Jene Aufführung vom 24. Februar 1607 in Mantua markiert die Geburtsstunde der Oper. Warum? Weil man zum ersten Mal den Gefühlsausdruck von Figuren miterlebt. Auch wenn die ersten Formen des Musiktheaters aufs Mittelalter zurückgehen (man denke an Hildegard von Bingen und ihr *Ordo virtutum*), waren die Musik und die Erzählung bis dato getrennt voneinander – anders gesagt: Musik war lediglich die Begleitung zu einer Geschichte, die erzählt wurde. Hier nun wird der Mythos von Orpheus und Eurydike nicht einfach gesungen, er wird von den Stimmen interpretiert, aber auch die Instrumentalmusik liefert Grundstimmung, Atmosphäre, Gefühl. Musikalische Emotion existierte zwar schon vor der Oper. Es kommen einem die Tränen, wenn man bestimmte Madrigale hört. Aber was die Oper ausmacht, das ist diese Allianz von Erzählung, Musik und Stimme, die gemeinsam darauf zielen, Emotionen zu erzeugen.

Schwer vorstellbar, dass Francesca Caccini die Premiere des *Orfeo* entgangen sein sollte. Aber vielleicht war sie nicht anwesend, denn die Aufführungen sind noch nicht öffentlich (das erste Musiktheater öffnet erst 1637 seine Tore); gleichwohl bekam sie sicherlich Gespräche darüber mit, zumal die Musikerin in ebendiesem Jahr 1607 als Komponistin, Interpretin und Lehrmeisterin am Hof der Medici angestellt wurde. Dass sie Zugang zu einem der glanzvollsten Höfe Europas erhält, ist kein Zufall: Ihr Vater Giulio Caccini, selbst Musiker und Komponist, ist ein Verwandter der mächtigen Familie. Sicher ist er es auch, der sie anregt und antreibt, sich der Oper zuzuwenden. Im Jahr 1600 verfasst Giulio Caccini *Il rapimento di Cefalo* (*Die Entführung von Cefalo*), ein Werk ganz im Rezitativ, d. h. es wird weder gesprochen noch gesungen, sondern etwas dazwischen. Die Stimmen werden von Chören, einem Orchester, einer von Maschinen unterstützten Dramaturgie, Kostümen und einer Inszenierung getragen. Man ist der Oper schon ganz nahe. Es fehlen lediglich die Opernarien.

Von ihrem Vater ausgebildet, erlernt Francesca Caccini den Gesang, das Spiel auf verschiedenen Saiteninstrumenten (Laute, Theorbe, Cembalo, Gitarre, Harfe), das Komponieren, aber auch neuartige Gesangstechniken. Das Mädchen singt göttlich, seine Stimme findet bald schon an den italienischen Höfen Beachtung, aber auch jenseits der Grenzen. Die Königreiche Europas haben eben Bedarf an begabten Künstlern, mit denen sie prunken können. Vor diesem Hintergrund fragen im Jahr 1604 Heinrich IV., König von Frankreich, und seine Frau Maria di Medici in einem an den Hof der Medici in Florenz gerichteten Brief an, ob Giulio Caccini und seine Töchter nicht für einige Zeit am Hofe Frankreichs dienen können. Für Francesca Caccini beginnen damit auch die Heiratsangebote – Frankreich und Italien wetteifern um die junge Frau. Der König von Frankreich persönlich erklärt, dass sie die beste Sängerin im ganzen Land sei. Nach monatelangen Disputen und seltsamen Winkelzügen ist es schließlich die Großherzogin Christine von Lothringen, Gattin Ferdinands I. von Medici, die die Musikerin nach Florenz zurückholt und für sie eine Ehe mit einem ihrer Schützlinge arrangiert: dem Tenor, Instrumentalisten und Begleiter von Kastraten Giovanni Battista Signorini.

Am 4. November 1607 heiratet ihn Francesca Caccini und wird neun Tage später offiziell am Hofe der Medici eingeführt. Aufgewachsen unter den Weisungen des Vaters, findet sich die junge Ehefrau nun in einem sehr weiblichen Universum wieder, im Dienste der Großherzogin. Von den zahlreichen Dienerinnen und Dienstmädchen abgesehen, trifft man hier auf Hofdamen, aus der Aristokratie stammende Frauen, und auf *donne*, bescheidenere Frauen ohne Adelstitel, die die vornehme Welt des Hofes mit Musik, Gesang, Theater, Tanz unterhalten. Francesca Caccini gehört zu dieser zweiten Gruppe. Sie wird bei Hofe aufgenommen, um zu komponieren, zu singen, verschiedene Instrumente zu spielen und auch, um zu unterrichten. Diese Aktivitäten finden täglich statt und werden von der Großherzogin bezahlt. Es scheint so, als sei Letztere mit ihrer Angestellten vollkommen zufrieden gewesen, denn nach sieben Jahren Arbeit wird Francesca Caccinis monatliches Gehalt verdoppelt, was aus ihr die bestbezahlte Musikerin bei Hofe macht, wenn nicht sogar aller Höfe Europas.

Francesca Caccini ist sehr begehrt, man ruft nach ihr, wenn Gedichte oder Libretti zu vertonen sind. Ebenso häufig wird sie aufgefordert, mit männlichen Zeitgenossen Werke für die Bühne zu verfassen. Am 3. Februar 1625 wird im Pitti-Palast zu Florenz mit *La liberazione di Ruggiero dall'isola d'Alcina* (›Die Befreiung Ruggieros von Alcinas Insel‹) ein Werk der italienischen Komponistin uraufgeführt. Über die Bühne galoppieren Pferde, Tänzerinnen und Tänzer kommen hinzu, und zu einem von Giulio Parigi entworfenen Bühnenbild begleiten ein Orchester und Solostimmen die Aufführung. Bei den dramatischen Stücken, die von den italienischen Höfen geordert werden, handelt es sich häufig um bedeutsame künstlerische Ereignisse aus der Hand mehrerer Komponisten. Aber mit *La liberazione di Ruggiero* verfasst Francesca Caccini eines der wenigen uns überlieferten Bühnenwerke, die vollständig von nur einer Person verfasst wurden.

Ist dieses Werk nun eine Oper? Nicht ganz einfach zu entscheiden. Diese Frage betrifft zahlreiche Werke aus dieser Zeit, in der das Genre noch in den Kinderschuhen steckte. Wenn man Francesca Caccini den Titel einer Pionierin verleihen möchte, warum nicht; aber was zugleich Aufmerksamkeit erheischt, ist ihr großer Einfluss. Bei dieser Premiere zum Beispiel ist die gesamte florentinische Hautevolee versammelt, allen voran diejenige, die das Werk in Auftrag gegeben hat: Maria Magdalena von Österreich, Großherzogin der Toskana und Schwiegertochter von Christine von Lothringen. Wenn sich diese politisch einflussreiche Frau Francesca Caccini aussucht, damit diese ein musikdramatisches Stück komponiert, das all die Macht der Großherzogin unterstreichen soll, dann beweist dies das Vertrauen, das der jungen Frau entgegengebracht wird. Es beweist auch, dass die Begabung der italienischen Komponistin außer Frage steht.

Die Karriere der Caccini endet mit dem vorzeitigen Tod ihres Gatten im Jahr 1626. Sie sieht sich vor ein Dilemma gestellt: Sich wieder zu verheiraten, aber dafür auf das Sorgerecht für ihre Tochter Margherita Signorini zu verzichten, oder Witwe zu bleiben, aber dafür den Rest ihres Lebens in der Schwiegerfamilie zu verbringen. Sie entscheidet sich für die erste Option, gibt ihre Tochter in die Hände von Christine von Lothringen und heiratet Tommaso Raffaelli. Diese Heirat besiegelt den Endpunkt ihrer Karriere als Musikerin am Hofe der Medici. Erst nach dem Ableben ihres zweiten Ehemannes und einem diplomatischen Brief, in dem sie ihrer Verzweiflung Ausdruck verleiht (»Nun bin ich ganz allein, ohne Gesellschaft, verlassen. Ich habe nichts mehr auf der Welt als meine Kinder«), findet sie nach Florenz, zu ihrer Tochter und zu einer – allerdings im Vergleich zu vormals weit weniger bedeutsamen – musikalischen Tätigkeit zurück.

Francesca Caccini stirbt 1640, einige Jahre nach dem Ableben der Frau, die es ihr ermöglicht hat, ihre Kunst in aller Freiheit auszuüben: Christine von Lothringen.

Andere italienische Barockkomponistinnen verdienten ebenfalls ein ganzes Kapitel. Die Epoche schien zahlreichen Frauen, die sich die Freiheit nahmen, schöpferisch tätig zu sein, gewogen. Barbara Strozzi und Francesca Caccini stellen dies unter Beweis: Ihnen gelang es, sich einen Namen zu machen – der einen dank intellektueller Kreise, der anderen dank der Protektion einer nach Kunst und Musik gierigen Macht. Aber auch andere haben Spuren in der musikalischen Welt hinterlassen, vor allem in der religiösen Musik. Man denke an Isabella Leonarda, die mit 16 Jahren ins Kloster ging und Autorin von mehr als 200 Werken wurde. Und diese Nonne war nicht nur produktiv, sondern auch rebellisch. Sie begnügte sich nicht damit, Motetten, Kantaten, Psalmen, Messen oder Vespern zu schreiben, sie setzte sich auch mit weltlicher Instrumentalmusik auseinander. 1693 veröffentlichte sie zwölf Sonaten – die ältesten von einer Frau verfassten, soweit bekannt. Zwar kann in der Barockmusik eine Sonate auch religiös sein – man spricht dann von einer »Kirchensonate« (*sonata da chiesa*) –, bei Isabella Leonarda stößt man jedoch nicht auf die Charakteristika dieser Form, d. h. auf ein feierlich-getragenes Tempo und eine Struktur von vier Sätzen. Die Kompositionen der Nonne beinhalten manchmal bis zu dreizehn Sätze und wechseln die Stimmung auf sehr unkonventionelle Weise, statt sich mit dem traditionellen Schema langsam/lebendig/langsam/lebendig zu begnügen.

Ihr Ehrentitel als Pionierin der Sonate wird rasch von anderen Komponistinnen in den Schatten gestellt, die sich auf diese Instrumentalgattung stürzen, wie etwa Élisabeth-Claude Jacquet de La Guerre, die man in Frankreich, an einem anderen sehr großen Hof der damaligen Zeit, antrifft: am Hofe Ludwigs XIV.

Die Kunst der La Guerre

Am 15. März 1694 hebt sich in der Académie royale de musique in Paris der Vorhang für eine neue Produktion: *Céphale et Procris*. In der Stadt spricht man seit Wochen schon davon. Und zwar aus gutem Grund, denn die Komponistin dieser *Tragédie lyrique*[4] ist eine der gefragtesten Künstlerinnen in der Hauptstadt: Élisabeth Jacquet de La Guerre. Zudem handelt es sich bei diesem Ereignis um eine wichtige Premiere in Frankreich: Erstmals wird eine von einer Frau komponierte Oper an der Académie royale (der späteren Opéra de Paris) gegeben. Die Proben verlaufen ohne Zwischenfall, die paar anwesenden Kritiker erfreuen sich daran, einen zukünftigen Erfolg zu prognostizieren. So schreibt etwa Hilaire Rouillé du Coudray: »Ich gebe sehr viel auf die neue Oper der kleinen La Guerre. Ich habe zwei Proben gesehen; das wird sehr gut werden.« Die »kleine La Guerre« feiert in diesem Jahr ihren 29. Geburtstag und muss ihre erste Niederlage hinnehmen. Das Publikum schätzt die neue Oper nicht, und nach nur fünf oder sechs Aufführungen fällt der Vorhang über *Céphale et Procris* endgültig.

Die mangelnde Begeisterung für dieses Werk ist schwer zu erklären. Musikalisch war es vielversprechend, litt aber möglicherweise an dem von François Duché de Vancy verfassten schwachen Libretto. Auch die Lullyisten haben vermutlich eine Rolle gespielt. Diese Groupies von Jean-Baptiste Lully (dem Star-Komponisten von Ludwig XIV.) haben sicherlich ihr Missfallen ausgedrückt, wie sie es gerne gegenüber allem machten, was nicht von der Hand ihres sieben Jahre zuvor verstorbenen Idols geschrieben wurde. Eine andere Hypothese, und keineswegs eine der unbedeutendsten, verweist auf die Misogynie eines Publikums, das angesichts eines von einer Frau komponierten großen Werkes misstrauisch war. Die Oper geriet mehr oder weniger in Vergessenheit, bis der Dirigent eines französischen Orchesters, Jean-Claude Malgoire, sich ihrer annahm. 1989 gab er mit seinem Ensemble eine Aufführung von *Céphale et Procris* an der Oper von Saint-Etienne; das Ereignis wurde aufgezeichnet, wovon wir nun profitieren können.

Nicht der Oper wegen stach also unsere Komponistin im 17. Jahrhundert hervor, sondern wegen ihres Beitrags zur Fortentwicklung des Cembalos. Élisabeth Claude Jacquet de La Guerre kam 1665 in einer musikbegeisterten Familie zur Welt und lernte das Instrument bei ihrem Vater spielen, seines Zeichens Cembalo-Hersteller und Organist in der Kirche auf der Insel Saint-Louis in Paris. Sie ist die begabteste unter den drei Geschwistern und musiziert derart meisterlich, dass Claude Jacquet, der Vater, die Entscheidung trifft, sie König Ludwig XIV. vorzustellen. Mit kaum fünf Jahren spielt das kleine Mädchen vor dem mächtigsten Mann des Landes. Fasziniert ermutigt sie der Sonnenkönig, »ihre wunderbare Begabung weiterzuentwickeln«, und wird später zu ihrem wesentlichen Gönner. Das weibliche Wunderkind erhält regelmäßig Zutritt bei Hofe, um dort vorzuspielen und die Adligen zu unterhalten, darunter sehr einflussreiche wie etwa Madame de Montespan. Die mächtige Mätresse des Königs behält Élisabeth mehrere Jahre bei sich und organisiert in ihren Gemächern zahlreiche Konzerte, in denen man sich leicht die Kleine vorstellen kann, wie sie als begabte Cembalistin und Sängerin im Mittelpunkt der Aufmerksamkeit steht. Eine damals renommierte Zeitschrift, *Le Mercure galant*, gibt dies in einem Artikel aus dem Jahre 1677 wieder:

> Es handelt sich um ein Wunderkind, das hier vor vier Jahren aufgetaucht ist. Sie singt vom Blatt die schwierigste Musik. Sie begleitet sich selbst und andere, die singen wollen, auf dem Cembalo, das sie in unnachahmlicher Weise spielt. Sie komponiert Stücke und spielt sie in jedweder Tonart, die man ihr vorschlägt. Ich habe Ihnen gesagt, dass es gerade mal vier Jahre her ist, dass sie mit diesen außerordentlichen Fähigkeiten hier erschien, und doch ist sie jetzt noch nicht einmal zehn Jahre alt [*sic*, in Wirklichkeit war sie zwölf]. [...] All jene Damen, die auf dem Cembalo herumklimpern und einen großen Namen führen, unternahmen, was sie konnten, um sie [Elisabeth] zu überraschen, und waren anschließend gezwungen, sie wie die anderen zu bewundern oder der Magie zuzuschreiben, was sie selbst nicht wie jene zustande bringen.

1682 bezieht Ludwig XIV. Versailles und nimmt seinen Hofstaat mit. Das Herz des musikalischen Lebens spaltet sich, Paris wird nicht mehr die Metropole der Erstaufführungen, der Bälle und der Soireen sein. Élisabeth Jacquet vollzieht diesen Umzug mit und genießt die ersten Versailler Jahre samt der Ekstase eines Hofes, der in Vergnügungen, Festivitäten und Musik erstrahlt. Diese Episode wird jedoch nur von kurzer Dauer sein, denn nach zwei Jahren heiratet die Musikerin Marin de La Guerre. Gegen ihren Willen muss die junge (18 Jahre alte) Ehefrau in die Hauptstadt zurückkehren. Ein Jahrzehnt später schreibt die Komponistin in ihrer Widmung an Ludwig XIV., die der Partitur ihrer Oper *Céphale et Procris* vorangestellt ist: »Obwohl ich aufgrund meines unglücklichen Schicksals mein Leben nicht in Euren Dienst habe stellen und nicht mit großen Fähigkeiten zu Eurem Ruhm habe arbeiten können, bin ich doch immer sehr glücklich und weiß mich dadurch ausgezeichnet, dass ich seit meiner Kindheit eine davon weiterentwickelt habe, mit der ich wenigstens zwischen Euren großen und wichtigen Aufgaben in kurzen Intervallen zu Eurer Unterhaltung habe beitragen können […]«

Was verbirgt sich hinter dem Wort »Schicksal« aus der Feder der Musikerin? Die Ehe, die sie veranlasste, Versailles zu verlassen? Allerdings könnte sich das »unglückliche Schicksal« auch auf das Unglück beziehen, als Frau geboren zu sein: Denn Frauen sind von jeglicher Professionalisierung auf dem Gebiet der Musik ausgeschlossen; die offiziellen Posten bei Hofe sind ihnen nicht zugänglich. Ihnen bleiben also nur die Pädagogik oder Konzerte in kleinem Kreise. Auch die Auswahl der Instrumente ist – stets aus Gründen des Geschlechts – beschränkt auf Gitarre, Bratsche, Laute und Cembalo. Es gibt im 17. Jahrhundert auch einige Organistinnen, aber (bis auf wenige Ausnahmen) erhalten sie niemals ein offizielles Amt, sind also niemals offiziell bestallt: Zwar kann eine Frau Eigentümerin einer Bratsche oder einer Flöte sein, aber eine Orgel kann man nicht an einen anderen Ort verlagern, sie gehört einer Kirche, einer Pfarrgemeinde. Man entscheidet sich also für amtlich anerkannte Organisten, die auf dem Instrument spielen und Künstlern die Möglichkeit geben, daran zu üben. Für Élisabeth Jacquet de La Guerre und alle ihre Zeitgenossinnen soll die Musik ein Zeitvertreib sein, aber keinesfalls ein Beruf: Und damit erstickt man bereits im Keim die Berufung zur Komponistin. Aber in Paris wird La Guerres Reputation stets größer. Ihre musikalische Begabung erweist sich in privaten Konzerten, in denen sie stundenlang großartig improvisiert. Wenn sie nicht spielt, unterrichtet sie das Cembalo oder die Orgel und wird eine angesehene und geachtete Lehrerin.

Élisabeth Jacquet de La Guerre stößt jedoch die Tür zur Privatsphäre, in die sie verbannt wurde, von innen auf und prägt ihr Jahrhundert mit ihrer Musik. 1687 veröffentlicht sie ihre ersten Cembalostücke: *Pièces de clavecin*. Das ist damals eine Seltenheit, denn die Cembaloliteratur lässt sich an den fünf Fingern einer Hand abzählen. Heutzutage entkommen nur wenige Cembaloschülerinnen und -schüler ihren *Pièces*. Ihre Kraft liegt im Geist der Neuerung. In dieser ersten Sammlung der Cembalosuiten zieht ein Stück vor allem die Aufmerksamkeit auf sich: die »Suite Nr. IV in F-Dur: Tocade«. Élisabeth

Jacquet de La Guerre greift hier eine italienische Kunstform auf: die Toccata (*toccare* = anschlagen, lautmalen). Dieses aus Italien stammende Genre erlaubt große Freiheit. Keine Regeln, keine Richtlinien, die Instrumentalistin spielt, als würde sie zur Musik improvisieren. Die Toccata zielt darauf ab, die Virtuosität der Künstlerin zur Geltung zu bringen, soll aber auch sämtliche Möglichkeiten jener beiden Instrumente ausloten, für die sie geschrieben wurde: der Orgel und des Cembalo. Das Klavier wird etwas später seine eigenen Toccaten bekommen, aber zu der Zeit, als Élisabeth Jacquet de La Guerre ihre »Tocade« komponiert, existiert es noch nicht. Daher die Omnipräsenz des Cembalo in der barocken Musik. Häufig wird es als Vorgänger des Klaviers angesehen, aber es unterscheidet sich davon sehr in seiner Funktionsweise: Seine Saiten werden nicht von kleinen Hämmerchen angeschlagen, sondern mit Plektren gezupft, sogenannten Kielen, die eine Art Zunge haben. Vom Aussehen her mögen sie sich ähnlich sein, vom Klang her keineswegs – man hört dem Cembalo sehr wohl die Instrumentenfamilie an, aus der es stammt: Es ist ein Saiteninstrument, das vom Klavier weitgehend verdrängt werden wird, sobald man dieses zu hören bekommt.

Die »Tocade« der Élisabeth Jacquet de La Guerre setzt mit einigen arpeggierten (also in ihre Bestandteile zerlegten) Akkorden ein, um eine langsame Melodie erklingen zu lassen, garniert von einer Fülle von Verzierungen (diese Opulenz des Barock findet sich nicht nur in der Architektur). Das Vorspiel macht bald schon einem rascheren Tempo Platz, die Noten fliegen davon und verhelfen dem Instrument zu außerordentlichem Glanz, und trotz der Geschwindigkeit erklingt jede Note einzeln, vermischt sich also niemals vollständig mit den anderen – dank der gezupften Saiten. Das eben ist die Magie des Cembalo: Die Finger mögen noch so schnell über die Tastatur gleiten, man nimmt gleichwohl noch das kleinste Detail der Melodie wahr.

Diese »Tocade« überrascht auch aus politischen Gründen. Während die Höfe von Frankreich und Italien in ihrer Prachtentfaltung miteinander wetteifern, versucht Ludwig XIV. für die französische Musik den Gipfel des Ruhms zu erringen. Auf dem Gebiet der Musik stellt das barocke Italien einen gefürchteten Konkurrenten dar, deshalb vermeiden die Komponisten italienische Einflüsse in ihren Werken.

Aber ist es nicht die Handschrift eines Genies, die Regeln und die etablierten Richtlinien zu überschreiten? Die »Tocade« von Élisabeth Jacquet de La Guerre wird solch eine Eskapade sein und ihr große Anerkennung verschaffen.

Verschiedene Schicksalsschläge werden die Schaffenskraft unserer Musikerin schwächen. Nach dem Fehlschlag mit ihrer Oper verliert sie innerhalb weniger Jahre ihre beiden Eltern, ihren Ehemann, ihren Bruder und ihr einziges Kind – ein Wunderkind am Cembalo von noch nicht ganz zehn Jahren. Während mehr als eines Jahrzehnts komponiert sie nicht mehr. Aber das Feuer, das die Musikerin beseelt, erlischt nicht. Als Witwe und nun also autonom nimmt Élisabeth Jacquet de La Guerre ihre Arbeit wieder auf – freier denn je. Von 1707 an unterstreicht sie ihr großes Comeback mit einer neuen Sammlung von *Pièces de clavecin* (*Cembalo-Suiten*), die auch mit der Violine gespielt werden können, mit der Veröffentlichung von sechs Sonaten für Violine und Cembalo sowie zwei Kantatenbüchern.

Die Künstlerin macht sich vor allem mit letztgenanntem Genre einen Namen. Der Beginn des 18. Jahrhunderts markiert die zaghafte Ankunft der Kantate in Frankreich; diese zu einem weltlichen oder geistlichen Text gesungene Form geht mit instrumenteller Begleitung einher, aber nicht unbedingt mit einer dramaturgischen Ausgestaltung wie in der Oper. Élisabeth Jacquet de La Guerre, voller Enthusiasmus für das Neue, wird sich diese Kunstform zu eigen machen. Mit den Texten beauftragt sie den Schriftsteller Antoine Houdar de La Motte, der mit angesehenen Komponisten wie Marin Marais oder André Campra zusammenarbeitet. Dieser nach der fehlgeschlagenen Oper zweite Versuch mit einem gesungenen Werk ist ein Erfolg. Die Kantaten von Élisabeth Jacquet de La Guerre finden ihr Publikum, ebenso ihre Sonaten, die gleichfalls italienischen Ursprungs sind – womit sie den musikalischen Trends in ihrem Land ein weiteres Mal ein Schnippchen schlägt. In Frankreich bevorzugt man statt Sonate das Wort »Suite«, um Werke zu kennzeichnen, die für ein oder zwei Instrumente und in drei oder vier Sätzen geschrieben sind.

Im Jahr 1707, der Veröffentlichung ihrer Sonaten, gibt die Zeitschrift *Le Mercure galant* bekannt: »Ihre Majestät sprach sehr zuvorkommend zu Mademoiselle de La Guerre, und nachdem er ihren Sonaten viel Lob hatte angedeihen lassen, sagte er ihr, sie seien mit nichts vergleichbar, originell und schön.«[5] Mit François Couperin, einem drei Jahre jüngeren entfernten Cousin, gehört Élisabeth Jacquet de La Guerre zu den ersten Personen, die in Frankreich Sonaten komponieren. Jene in »d-moll für Violine, Viola und Basso continuo« lässt uns in eine sanfte, fast melancholische Atmosphäre eintauchen. Gleichwohl hat in dieser Musik stets die Virtuosität den Vorrang. Hier entfaltet die Geige im Verlauf der Sätze ihren mal fröhlichen und melodischen, mal schmerzlichen und schleppenden Klang.

Wieso erfreut sich der Sonnenkönig beim Zuhören an dieser aus Italien importierten Musik, nach all den Jahrzehnten, in denen er das Französische in der Kunst gefördert hat? Zuallererst verblasst die Geltungskraft des berühmten Jean-Baptiste Lully nach dessen Tod im Jahr 1687. Und sie ist nicht das Einzige, das schwindet: Auch die Gattung Oper schwächelt, und Ludwig XIV. wendet sich von ihr ab. Zudem bezog sich der Streit zwischen der französischen und der italienischen Musik vor allem auf die Oper. Das aufkommende Zeitalter der Aufklärung bringt also die Rückkehr zu italienischen Impulsen in der französischen Musik, und Élisabeth Jacquet de La Guerre macht sich dies zunutze – sie, die so gut beide Strömungen beherrscht. Die Sonaten und Kantaten gehören zu den letzten Werken aus ihrer Hand, die der Monarch hört. Nach seinem Tod im Jahr 1715 verfasst die Cembalistin weitere Kantaten, ein – verlorengegangenes – *Te Deum* und leichtere Lieder auf Französisch – bis zu ihrem Tod 1729 im Alter von 64 Jahren.

Im Schatten von Bach: seine Frau

1989 fällt in Berlin die Mauer. Als er diese Nachricht erhält, steigt der im Pariser Exil lebende russische Cellist Mstislaw Rostropowitsch augenblicklich in einen Flieger. Am Samstag, dem 11. November, setzt er sich in der wiedervereinten deutschen Hauptstadt vor ein Stück der Mauer, einige Meter vom Checkpoint Charlie entfernt, stellt sein Instrument auf und beginnt, die »Sarabande« aus den *Suiten für Violoncello solo* von Johann Sebastian Bach zu spielen. Dieses Bild und diese Musik werden um die Welt gehen.

Vor diesem Ereignis verdanken wir die Popularisierung dieser Bach-Stücke einem anderen großen Cellisten: Pablo Casals. In den

1930er Jahren hat der Musiker zum ersten Mal die gesamten *Suiten für Violoncello solo* aufgenommen. Da sie für technische Übungen vorgesehen waren, kamen sie bis zu diesem Zeitpunkt so gut wie nie in einem Konzertprogramm vor. Manchmal bedarf es lediglich einer Person, einer Begegnung oder eines Ereignisses, damit ein Werk in die Musikgeschichte eingeht. Meisterwerke werden nicht als Meisterwerke geboren. Sie werden ausgearbeitet, hängen von einem historischen Kontext und manchmal sogar ein wenig vom Zufall ab: von der richtigen Person, die zum richtigen Zeitpunkt das richtige Stück spielt. Welche Geschichte man von Komponisten erzählt, ergibt sich aus dem nämlichen Prozess. Er erschafft unanfechtbare Genies, die in den Rang von Musikgöttern erhoben und so zu unantastbaren Persönlichkeiten werden. Bach ist einer von ihnen. In den Ohren von Musikwissenschaftlern wie -liebhabern klingt seine Musik mitreißend und göttlich. Bach ist ein Gott.

Wenig verwunderlich also, dass die Recherchen von Professor Martin Jarvis in der Musikwelt wie eine kleine Bombe einschlugen. Im Jahr 2011 veröffentlichte der Bratschist und Dirigent eines australischen Orchesters ein Buch mit dem Titel *Written by Mrs Bach* (›Geschrieben von Frau Bach‹), in dem er seine Forschungsergebnisse zu den *Suiten für Violoncello solo* von Bach mitteilte. In dieser Studie, aus der 2014 ein Dokumentarfilm hervorging, behauptet der Autor, dass diese sechs Stücke von Bachs zweiter Ehefrau, von Anna Magdalena Bach, komponiert wurden. Um zu dieser Schlussfolgerung zu gelangen, hatte sich Martin Jarvis in die Graphologie eingearbeitet, mehrere Jahre die Manuskripte studiert, sich mit Bach-Spezialisten ausgetauscht und alle Biographien, Notizen und dem Komponisten gewidmeten Briefe durchgelesen.

Zunächst einmal basiert seine Theorie auf einem künstlerischen wie musikalischen Eindruck. Er vergleicht die *Suiten* vor allem mit den *Sonaten und Partiten für Violine solo* und erklärt prompt, dass diese beiden Werke nicht von derselben Person komponiert seien. Ihm zufolge weisen die *Suiten* einen anderen Grad von Reife auf als die *Sonaten und Partiten*; sie folgen einer sehr klassischen Form in der Abfolge der Stücke, was im Werk Bachs äußerst selten ist, und die Musik scheint sich von anderen, zeitgleich entstandenen Stücken sehr zu unterscheiden. Mehrere Forscher teilten diese Hypothese; insbesondere diejenigen, die seine Doktorarbeit überprüften und für einleuchtend befanden. Sie verlangten gleichwohl von Martin Jarvis, dass er zwei lange Ausführungen zu Anna Magdalena Bach als potentielle Komponistin dieses Werks streichen sollte. Ja, möglicherweise ist Johann Sebastian Bach nicht der Autor dieser Stücke, aber nein, dass seine Frau es sein könnte, das ist undenkbar.

Warum sollte Bach nicht der Komponist dieser *Suiten* sein? Das erste – noch nicht sonderlich überzeugende – Argument in Martin Jarvis' Buch beruht auf dem Gedanken, dass es schlicht keinen Beweis dafür gibt, dass das Werk aus der Hand des deutschen Komponisten stammt. Das Originalmanuskript ist niemals gefunden worden, lediglich vier Kopien haben die Zeiten überdauert – zwei anonyme, eine spätere, von einem Bach-Schüler angefertigte, in der ein Teil fehlt, und schließlich die vollständigste, die von Anna Magdalena Bach signiert ist. Dieses letzte Manuskript weist zahlreiche musikalische Ungenauigkeiten und Fehler in der Notenschrift auf. Es wurde deshalb niemals als Quelle für die sechs *Suiten für Violoncello solo* verwendet. Diese Kopie stellt laut Martin Jarvis einen der stichhaltigsten Beweise für seine Theorie dar, denn er zieht, nachdem er die Handschriften des Ehepaars Bach analysiert hat, daraus den Schluss, dass die Partitur anscheinend aus dem Stegreif geschrieben und keine Kopie ist. Ihm zufolge wären derart viele Fehler undenkbar, wenn die junge Frau die Musik ihres Mannes nur hätte abschreiben sollen. Jarvis untermauert seine Hypothese, indem er einen Satz erwähnt, der auf Französisch auf das Doppelmanuskript geschrieben wurde, das die *Suiten für Violoncello solo* sowie die *Sonaten und Partiten für Violine solo* enthält: »écrite par Madame Bachen. Son Épouse.«[6] Auf dieses Detail, das seine Meinung stützen soll, nämlich die Verwendung des Wortes »schreiben« und nicht »kopieren«, geht der Autor sehr ausführlich ein.

Jenseits dieser Argumente stellt sich eine Frage: Hatte Anna Magdalena Bach die Mittel und Kenntnisse, um ein solches Werk zu komponieren? Wenn man die Vergangenheit des Ehepaars Bach durchforstet, entdeckt man, dass die Ehefrau durchaus als Musikerin eine brillante Karriere hatte. Als Sängerin und Instrumentalistin gehörte Anna Magdalena Bach zu den wenigen Frauen, die am Hof von Köthen in Sachsen-Anhalt vollzeitbeschäftigt waren. Sie zählte zudem an diesem Hof mit dreihundert Talern zu den bestbezahlten Interpretinnen (die Männer inbegriffen), wobei sie wusste, dass ihr damals schon berühmter Mann vierhundert verdiente. Schließlich sollte man ihre Rolle als Kopistin für ihren Mann nicht vergessen, eine Arbeit, die gerne kleingeredet wird – von den verschiedenen Wissenschaften wie den Biographen des Komponisten. Diese sahen die zweite Frau als eine Art Assistentin, als treu ergebene Ehefrau und von dreizehn Kindern (von denen nur sechs überlebten) in Anspruch genommene Mutter an, obgleich die Arbeit des Kopierens sehr wohl auch Korrekturen, Verschiebungen und Ratschläge gestattet. Vielleicht war Anna Magdalena Bach ein aufmerksames Ohr für ihren Ehemann, seine erste Zuhörerin.

Mir geht es nicht darum, zu überzeugen, sondern Fragen aufzuwerfen. Schließlich ist dies nicht die erste Angelegenheit dieser Art in der Musikgeschichte; die Reaktionen auf Martin Jarvis' Untersuchungen hätten bestenfalls neugierig, schlechtestenfalls erstaunt oder skeptisch sein dürfen. Die Veröffentlichung seines Buches sowie des Dokumentarfilms löste jedoch nahezu ein Erdbeben aus. Zahlreiche Personen wandten sehr viel Zeit und Energie auf, um zu zeigen, wie unhaltbar diese Theorie sei, und um die Arbeit des Forschers, manchmal auf recht giftige Weise, zu diskreditieren. Gleichwohl wirft Letzterer eine äußerst wichtige Frage auf: Welchen Platz nahmen die Ehefrauen und generell die Frauen im Schaffensprozess ein? Und warum kann man es nicht akzeptieren, wenn geniale Werke eine Urheberin haben?

»Hinter jedem großen Mann verbirgt sich eine Frau.« Dieses alte Sprichwort bewahrheitet sich in der Musik vollkommen. Deshalb muss man die Privatsphäre studieren, die persönlichen Texte, die man so gerne beiseitelegt, obgleich man häufig gerade hier auf die Geschichte der Frauen stößt, die auf der Ebene der Forschung lange Zeit als minderwertig angesehen wurde. Aber in diesem konkreten Fall erfahren wir, dass Bach eine Ehefrau hatte, die sich um eine Horde von Kindern kümmerte, sich der mühevollen Arbeit, seine Werke zu kopieren, unterzog und als professionelle Musikerin ein zusätzliches Einkommen zum Haushalt beisteuerte. Die Beweise sind zu spärlich, um das Bild einer frustrierten und verhinderten Komponistin auszuschmücken, aber die späteren Beispiele von Clara Schumann und Alma Mahler (man wird ihnen in dem Kapitel über die Epoche der Romantik wiederbegegnen) oder der Norwegerin Agathe Backer Grøndahl, die am Ende ihres Lebens diese »einengenden Bedingungen« bedauert, zeigen, dass es sich bei der geopferten Ehefrau nicht um einen Einzelfall handelt. Wie viele von ihnen haben sich dem Dienst an einem Ehemann unterworfen, damit dieser alle Möglichkeiten hatte, ein Genie zu werden? Schließlich kommt man nicht als Genie auf die Welt, man wird erst dazu: dank der Erziehung, der Ausbildung, des Kontakts mit anderen Künstlern, der Niederlagen wie der Erfolge, vor allem aber auch dank der Zeit, die man mit Reisen, Diskutieren, Überdenken, Komponieren, Sich-Konzentrieren, Sich-Irren und Wieder-von-vorne-Beginnen verbringt. Für all das aber haben die Frauen keine Zeit; zumal wenn sie Ehefrauen und Mütter sind, erlangt das Komponieren auf ihrer Prioritätenliste höchst selten den ersten Rang.

Dieser Mangel an Verfügbarkeit erklärt nicht alles. Denn trotz all dieser Zwänge ist es Tausenden ja gelungen, sich diesen Bedingungen zu entziehen und zu komponieren. Wenn es noch eines weiteren Beweises für ihre Genialität bedurfte, hier ist er: In jenen Epochen, die für ihre Misogynie bekannt sind, in denen es schier unmöglich war, im Bereich der Musik Karriere zu machen – musste man sich doch um die Kinder kümmern und den Haushalt führen und war vom öffentlichen Leben schier ausgeschlossen –, in jenen Epochen haben einige dennoch die Barrieren durchbrochen, und ihre Musik wurde gespielt, angehört und mit Applaus aufgenommen. Ist das nicht ein letzter Beweis für die Qualität ihrer Werke?

Allerdings braucht es, um als Musiker heute wirklich ernst genommen zu werden, einen offiziellen Stempel, den des Meisterwerks. Über dieses Markenzeichen entscheiden nicht einige Personen hinter verschlossenen Bürotüren. Wie bei der Ernennung von Genies ist es wieder die Geschichte, die Meisterwerke erschafft. Zwischen der Rezeption eines Werkes zu einem gegebenen Zeitpunkt und seiner Rehabilitierung mitunter Jahrhunderte später kann sich eine Vielzahl von Ereignissen vollziehen (Skandale, Interpretation durch einen Superstar, für einen Film oder Werbung auserkorene Musik), bevor man das geweihte Wort verwendet. Die Komponistinnen leiden unter diesem langen Weg zur Heiligsprechung. Entdeckt wird ihre Musik erst in jüngster Zeit, und das Patriarchat hat sich in den vergangenen Jahrzehnten nicht in Luft aufgelöst – weshalb es noch immer an *Meisterwerken* von Komponistinnen mangelt. Aber das ist nicht unabänderlich. Es reicht schon ein markantes Ereignis, ein in einer Serie verwendetes Stück oder ein neues Narrativ, und schon werden diese Komponistinnen eines Tages zu Genies und ihre Stücke zu Meisterwerken. Denn nichts, weder auf dem Papier noch im Ohr, hindert sie daran, diesen Status zu erlangen.

Playlist 2

Marin Marais, *Le Badinage*, von Jordi Savall interpretiert

Barbara Strozzi, *Che si può fare*, von Mariana Flores interpretiert

Francesca Caccini, *Lasciatemi qui solo*

Les Orphelines de Venise, von Les Cris de Paris

Élisabeth Jacquet de La Guerre, *Céphale et Procris*

Élisabeth Jacquet de La Guerre, »Suite Nr. IV in F-Dur: Tocade«

Élisabeth Jacquet de La Guerre, »Sonate d-moll für Violine, Viola und Basso continuo«

Johann Sebastian Bach, *Suiten für Violoncello solo*, interpretiert von Pablo Casals

3 Die Revolutionärinnen der Klassik

Bis zur Klassik waren Komponistinnen in der Musikgeschichte eher die Ausnahme. Einige Frauen setzten sich über Tabus hinweg, wurden von einflussreichen Männern gefördert oder profitierten bereits seit Kindheitstagen von einem musikalischen Umfeld. Aber gab es eine Epoche, in der sie keine Ausnahme mehr darstellten, in der die Komponistinnen als Künstlerinnen (fast) mit den Männern gleichberechtigt waren? Vielleicht. Die Forscherin Jacqueline Letzter und der Musikwissenschaftler Robert Adelson haben sich mit einem konkreten historischen Abschnitt befasst, indem sie das Frankreich der revolutionären Jahre zwischen 1770 und 1820 in *Women Writing Opera. Creativity and Controversy in the Age of the French Revolution* (2001) analysierten. Musikgeschichtlich entspricht diese Chronologie der Epoche der Klassik – nicht zu verwechseln mit dem Klassizismus, der sich in der Literatur ein Jahrhundert zuvor hervortat –; sie beginnt in der Mitte des 18. Jahrhunderts, endet mit dem Beginn des 19. und macht schließlich Platz für die Romantik.

Heutzutage bezeichnet *klassische Musik* vor allem all jene Werke, die für Stimmen und Instrumente von der Antike bis in die Gegenwart geschrieben wurden und im Gegensatz zur – meist der Sangestradition folgenden – Populärmusik oder zu allen anschließend entwickelten Musikformen: Rock, Folk, Jazz, Musical, Pop, Electro ... stehen. In diesem Kapitel tauchen wir nun in die Epoche der ›klassischen klassischen‹ Musik ein.

Die Französinnen beim Sturm auf die Oper

Nach der Regentschaft des sehr musikbegeisterten Ludwigs XIV. machte sich das Zeitalter der Aufklärung mehr durch Literatur und Philosophie (Montesquieu, Rousseau, Diderot, Voltaire) als durch Musik einen Namen. Die französischen Komponisten genießen übrigens nicht den gleichen Ruhm wie ihre europäischen Nachbarn. Neben einem Wolfgang Amadeus Mozart kennen nur die Eingeweihten Namen wie Étienne Nicolas Méhul, François-Joseph Gossec oder auch André Grétry (ganz zu schweigen von deren Werken).

Paradoxerweise ist es gerade diese Epoche, in der Frankreich seine großen Musikinstitutionen aus der Taufe hebt: das Conservatoire de Paris, die Opéra und die Opéra-Comique.

Die Bezeichnungen für die beiden letztgenannten Einrichtungen haben sich im Laufe der Jahrhunderte geändert, ebenso wie die Vorstellungsorte. 13 Säle haben die Pariser Oper schon beherbergt, die heute sowohl im Palais Garnier als auch in der Opéra Bastille untergebracht ist. Was die – heute im II. Pariser Arrondissement angesiedelte – Opéra-Comique anbetrifft, so wurde das Gebäude 1783 eingeweiht und hat sich seither kaum verändert. Das Pariser Konservatorium seinerseits entstand aus der Fusion der École royale de chant et de déclamation (der königlichen Schule für Gesang und Vortragskunst) und der städtischen Musikschule. Diese beiden Einrichtungen wurden 1793 zum Institut national de musique; zwei Jahre später dekretierte dann der Nationalkonvent (das politische Regime während der Revolution) die Eröffnung des Conservatoire de Paris, das im Hôtel de Menus-Plaisirs in der Rue Bergère (der heutigen Rue du Conservatoire im IX. Arrondissement) untergebracht wurde.

Die Musikwissenschaftlerin Florence Launay betont in ihren Arbeiten zur musikalischen Erziehung der Frauen im Frankreich des 19. Jahrhunderts, dass die Einrichtung damals gemischtgeschlechtlich war – ein Jahrhundert, bevor Mädchen zur Universität oder zur Kunsthochschule zugelassen wurden. Die Unterrichtsklassen im Konservatorium waren allerdings getrennt und auch nicht alle für Mädchen zugänglich – beispielsweise waren diese von der Ausbildung an Saiten- und Blasinstrumenten sowie den Klassen zur Harmonielehre ausgeschlossen. Die Mädchen mussten sich damit begnügen, Gesang, Klavier oder Cembalo und die musikalische Elementarlehre zu erlernen. Warum? Diese Unterscheidung nach Geschlechtern in einer gemischten Lehranstalt ist das Resultat eines Jahrhunderts der Studien und Untersuchungen, die den Unterschied zum männlichen und die Minderwertigkeit des weiblichen Geschlechts zu beweisen suchten.

Werke wie *Système physique et moral de la femme* (›Physiologie und Moral der Frau‹[1]), *L'Histoire naturelle du genre humain* (›Die Naturgeschichte der menschlichen Gattung‹) oder *Histoire naturelle de la femme* (›Naturgeschichte der Frau‹) werden in den Arbeiten von Évelyne Peyre und Joëlle Wiels zitiert. In all diesen Abhandlungen wird – zum ersten Mal in der Geschichte – versucht, den Unterschied zwischen Männern und Frauen mit Hilfe eines vermeintlich wissenschaftlichen Diskurses verbindlich zu bestimmen. Selbstredend stehen die Frauen dabei nicht gut da: Sie sind schwächer, empfindlicher und vor allem weniger intelligent. Der letzte Beweis? Der Umfang ihres Gehirns – kleiner als beim Mann (immerhin wurden die Ergebnisse dieser Untersuchungen später widerlegt). Wenn Frauen über weniger intellektuelle Kapazitäten verfügen, wozu sollte es dann gut sein, sie studieren zu lassen? Auf dem Gebiet der Musik schlägt sich diese Sichtweise darin nieder, dass ihnen der Zugang zu bestimmten Klassen im Konversatorium untersagt bleibt, wie etwa zu jenen, in denen man das Komponieren lernt, denn die Schrift unterliegt strikten, quasi mathematischen Regeln, die man bis zur Perfektion zu beherrschen hat. Die Frauen können lernen zu singen, Klavier oder Cembalo zu spielen, aber schöpferisch tätig zu sein sicherlich nicht.

Ein Einfallstor öffnet sich ihnen allerdings mit der Entstehung eines leichteren musikalischen Genres, das Geschichten aus dem Alltagsleben mit seinen komischen wie sentimentalen Seiten erzählt: Die Komponistinnen bemächtigen sich der Opéra-comique.[2] Lucile Grétry, Florine Dezède, Caroline Wuiet, Julie Candeille, Marie-Emmanuelle Bayon Louis, Constance de Salm, Jeanne-Hippolyte Devismes, Sophie de Bawr, Sophie Gail, Henriette Beaumesnil, Sophie Gay, Isabelle de Charrièrre … Das Buch von Jacqueline Letzter und Robert Adelson erfasst in der Epoche vor, während und nach der Französischen Revolution nicht weniger als 54 Opern von 23 Komponistinnen (oder Librettistinnen). Das gab es noch nie in der Musikgeschichte. Die Frauen profitieren von der Entstehung des musikalischen Genres Opéra-comique, aber auch von den in der Französischen Revolution aufkeimenden feministischen Ideen, vor allem jenen der Schriftstellerin Olympe de Gouges, Autorin der *Erklärung der Rechte der Frau und Bürgerin* (1791).

Zu ihrem engen Freundinnenkreis gehört Julie Candeille, die Komponistin der Oper *Catherine ou la Belle Fermière* (›Katharina oder die schöne Bäuerin‹), die eine Botschaft der Frauenemanzipation transportiert. Das 1792 verfasste und komponierte Werk wurde in 35 Jahren 150-mal aufgeführt. Ein großer Erfolg in dieser Epoche!

Das Libretto handelt von Catherine, einer Witwe, die sich von jeglicher Liebesbeziehung zu emanzipieren hofft, um allein, frei und unabhängig zu leben. Empört über die weiblichen Lebensbedingungen, weist sie kritisch darauf hin, dass »die natürlichen Mängel der Frau keineswegs natürlich sind, sondern sich der schlechten Behandlung durch die Männer verdanken«. Die Moralvorstellung der Epoche verpflichtet allerdings: Schließlich verliebt sie sich doch und heiratet erneut. Julie Candeille, nicht nur Komponistin und Librettistin, sondern auch eine exzellente Sängerin, verkörpert selbst die Hauptrolle der Catherine.

Und das ist noch nicht alles: Sie spielt ebenfalls Harfe und Klavier, zwei der wenigen Instrumente, die für Frauen im 18. Jahrhundert erlaubt sind. Von all diesen Tätigkeiten ist die der Sängerin am schwierigsten zu bewältigen. Im Gegensatz zu anderen Ländern hat Frankreich zwar die Frauen niemals von der Bühne verbannt, doch ihre Bestrafung ist eine andere: Wie im Italien des Barock werden die Sängerinnen als Kurtisanen angesehen. Julie Candeille entgeht dem nicht, verteidigt sich aber beherzt gegen diese Anschuldigungen. Als man sie mit leichten Mädchen vergleicht und ihr Vorhaltungen macht, Bühnendarstellerinnen hätten nicht die Zeit, sich gut genug um ihren Ehemann zu kümmern, kontert sie, dass sie, wenn dem so sei, dann auch keine Zeit für außereheliche Beziehungen hätten.

Die feministischen Stimmen aus der revolutionären Zeit sind keineswegs Einzelfälle. Für die Künstlerinnen und ihre Kämpfe, ihre Wünsche und ihren Willen, anerkannt zu werden, tritt eine Frau mit besonderer Verve ein: 1797 verfasst die Dichterin Constance de Salm eine Art Aufruf, die *Épitre aux femmes* (›Brief an die Frauen‹), damit ihre Zeitgenossinnen es wagen, kreativ zu sein und sich im gleichen Maße die Künste zu eigen zu machen wie die Männer. Ihre Warnung, die als Einleitung zu dem Protestgedicht[3] geschrieben wurde, passt so gut zu unserer Gesellschaft, dass man sich fragt, was eigentlich in den zwei Jahrhunderten nach Abfassung dieses Briefes passiert ist, weshalb also das Thema noch immer von solcher Aktualität ist:

> Zu allen Zeiten haben die Männer uns vom Studium und von der Kultur der schönen Künste fernzuhalten versucht; aber heute ist diese Meinung mehr denn je eine Art Mode geworden. An welchen Ort man auch geht, zu welcher Seite man sich auch dreht, die Ohren ermüden von den Diskussionen um dieses Thema, in denen, der Gewohnheit folgend, die Geisteshaltung der Parteigänger stär-

keres Gewicht hat als die vernünftige Argumentation. Ich habe lange Zeit dem Wunsch, auf derartige Attacken zu antworten, widerstanden, weil ich mir vorstellte, dass in einem so aufgeklärten Jahrhundert wie dem unsrigen sie keinen Fortbestand haben könnten; aber da ich es leid bin, immer die Frauen perfiden Scherzen ausgesetzt zu sehen, die sich allzu häufig in Scheinbeweise verwandeln, habe ich mich schließlich entschieden, die Verteidigung meines Geschlechts zu übernehmen. Ich habe mir in diesem Brief, der sich an die Frauen richtet, das Ziel gesetzt, ihre Rechte zu vertreten, ohne denen der Männer Schaden zuzufügen. Sollten trotzdem einige an der Art, wie ich im Allgemeinen über sie rede, Anstoß nehmen, so bitte ich sie, gut zu bedenken, dass es uns die Männer mit derartiger Kritik schon lange im Voraus heimgezahlt haben.

Salm, Gouges, Bawr, Charrière – die meisten der Schriftstellerinnen oder Künstlerinnen Ende des 18. Jahrhunderts kommen aus der Aristokratie. Sie sind gebildet und ehrgeizig. Aber die Revolution erschüttert die etablierte Ordnung zutiefst. Manche verlieren ihren Ehemann, andere all ihre Güter und ihren Reichtum. Dieser Umsturz ruft bei den Frauen in der postrevolutionären Phase einen besonderen Tatendrang hervor: Sie widmen sich den Künsten nicht mehr der bloßen Unterhaltung zuliebe, sondern um ihren Lebensunterhalt zu verdienen. Vor der Revolution wurden sie von feministischer Begeisterung angetrieben; danach werden sie von ökonomischen und materiellen Sorgen geleitet. Beides hat dieselbe Folge: Sie erobern mit ihren Werken die Pariser und die nationale Bühne.

In einem Kolloquium in der Opéra-Comique über die in dieser Institution arbeitenden Frauen zeichnete Florence Launay 2020 das Leben der Mademoiselle Le Sénéchal de Kercado nach. Ihre Oper *La Méprise volontaire ou la Double Leçon* (›Das beabsichtigte Versehen oder die doppelte Lektion‹) wurde 1805 im Théâtre Feydeau uraufgeführt und basierte auf einem Libretto von Alexandre Duval. Damals wurden Erstlingswerke gespielt, ohne dass das Publikum die Urheber kannte: Die Namen wurden erst am Ende verraten. So hielt es der Librettist Alexandre Duval – gegenüber den Musikern und dem Theaterdirektor – in Bezug auf die Musik der Mademoiselle Le Sénéchal de Kercado auch bei den Proben, so dass niemand wusste, dass die

Oper von einer 19-jährigen Frau stammte. Er notierte: »Bei allen Proben des Werkes wurden die Sänger und Musiker aufrichtige Bewunderer für das Talent meines jungen Komponisten [sic!].«

Es kam der Tag der Premiere. Das Publikum brachte seine Begeisterung für das Werk zum Ausdruck (damals war es in den Konzertsälen nicht so still wie heute), bis schließlich das Geheimnis gelüftet wurde: »Als man am Ende des Stückes der Gewohnheit gemäß die Namen der Urheber bekanntgab, war das Publikum sehr überrascht, als es erfuhr, dass es das Vergnügen, das es empfunden hatte, einem jungen Fräulein von 19 Jahren verdankte«, schrieb Alexandre Duval. Ein zeitgenössischer Kritiker hob hervor, dass die »alten Bewunderer« den Aufführungen fernblieben, ein anderer konstatierte: »Die eleganten Herren entschieden, es sei unmöglich, dass dieses Werk aus den Händen einer Frau stammte. Es sind gerade die äußerst Galanten, die die Frauen am meisten verachten und unterdrücken.« Aber die bissigsten Bemerkungen kamen von den Musikern des Orchesters. Nachdem sie vom Geschlecht der Komponistin (und sicher auch von ihrem Alter) Kenntnis erlangt hatten, kritisierten sie das Werk und setzten es bei der Leitung derart herab, dass es schließlich lediglich ein dutzendmal aufgeführt wurde, bevor es ganz aus dem Repertoire verschwand. Gekränkt von dem Spott und den harten Angriffen wagte sich die junge Le Sénéchal de Kercado nie wieder in die musikalische Öffentlichkeit, und ihr Name geriet in Vergessenheit.

Unter den vielen Opernkomponistinnen haben manche noch nicht einmal die Chance, ihre Stücke aufgeführt zu sehen. Das ist bei Caroline Wuiet der Fall. 1768 in Reims geboren, entfaltet die Tochter eines Organisten schon früh ihre musikalische Begabung. Die Königin Marie-Antoinette entdeckt sie, nimmt sich ihrer an und bietet ihr eine künstlerische Ausbildung auf hohem Niveau: André Grétry unterrichtet sie in Musik, Beaumarchais in Dichtkunst und Jean-Baptiste Greuze in Malerei. Caroline Wuiet entwickelt sich auf dieser Grundlage zur Komponistin, Dramatikerin und Autorin erzählender Literatur, dann zur Gründerin von Zeitschriften und Kunstkritikerin. Berühmt wird sie für ihren Hang zur Maskerade: Die junge Frau verkleidet sich häufig als Mann – eine Neigung, die wohl von den Misserfolgen herrührt, ihre Opern zur Aufführung zu bringen. In dem Bewusstsein, dass sie als Frau diskriminiert wurde, versucht sie ihr Leben lang unter Beweis zu stellen, dass sie denken, künstlerisch kreativ sein und sich wie ein Mann verhalten könne, dessen Erscheinungsbild inbegriffen.

Als Dramatikerin (zwei ihrer Stücke werden im Théâtre Beaujolais aufgeführt) und Komponistin erlangt sie eine gewisse Berühmtheit, die sie 1797 dazu veranlasst, einen Club aus der Taufe zu heben, der ausschließlich für kultur- und philosophieinteressierte Frauen gedacht ist. Zwei Jahre später gründet sie die erste einer langen Serie von Zeitschriften: *Le Cercle*, in der im Wesentlichen von Politik die Rede ist, dann *Le Papillon*, ein Journal der Künste und des Genusses, in dem man Kunstkritiken lesen kann, *Le Phénix*, erneut der Politik zugewandt, aber auch der Literatur, und schließlich *La Mouche*, eine Weiterführung der vorangegangenen. Obendrein wird Caroline Wuiet Romanautorin und befasst sich zusätzlich mit der Modewelt. Sie schreibt für eines der ersten französischen Journale auf diesem Gebiet, das *Journal des dames et des modes*. Schließlich verbündet sie sich mit der Bewegung der *Incroyables et Merveilleuses* (der ›Unglaublichen und Wunderbaren‹), deren exzentrische Bekleidung mit dem vom Regime des Terreur verordneten Trübsinn brechen soll. Das Ende ihres Lebens ist weniger ruhmreich. Sie leidet unter psychischen Störungen und stirbt im Park der Stadt Saint-Cloud, die sie sich als Domizil erkoren hat.

Diese postrevolutionäre Begeisterung, in der die Frauen ihre politischen Ideen, ihre Stimmen und ihre künstlerischen Visionen austauschten, hielt nicht lange an. Manche wurden endgültig zum Schweigen gebracht, so wie Olympe de Gouges, die man 1793 guillotinierte. Gleichzeitig beschnitten neue Gesetze ihre Rechte, so wurde es Frauen verboten, sich der Armee anzuschließen, weibliche Vereine oder Clubs zu gründen, ja sogar, sich auf der Straße zu versammeln. Schließlich kommt das napoleonische Kaiserreich mit seinem Code Civil: Den Frauen wird nun alles genommen. Sie werden ihren Ehemännern unterstellt, die alles für sie bestimmen. Dieses neue repressive System eröffnet das – für seine Misogynie berühmte – 19. Jahrhundert und verdammt die Frauen zum Schweigen und an den Herd.

Ende der Kastraten, Debüt der Divas

Ist die Stimme gefährlich? Oder besser gesagt: Ist die weibliche Stimme gefährlich? Die Sirenen, jene Kreaturen, die in der griechischen Mythologie halb Frau, halb Vogel, in der nordischen Mythologie halb Frau, halb Fisch sind, singen, um die Männer in ihren Bann zu ziehen, bevor sie sie töten. Odysseus, der Held der *Odyssee*, lässt sich an den Mast seines Schiffes fesseln, um ihnen nicht zu verfallen. Während dieser Prüfung hört er nicht nur eine betörende und unwiderstehliche Melodie: Die Sirenen versprechen ihm auch neues Wissen, die Rückkehr zu den Seinen, das Ende seiner Qualen … Diese Verführung ist eine tödliche Gefahr: Wenn Sie sich nähern, werden Sie verschlungen.

Die Stimme der Sirenen steht für eine Macht, die im wahren Leben den Frauen angedichtet wird: nämlich die, die Männer zu verzaubern, um sie zu unterjochen. Wenn die Stimme der Frauen eine Gefahr darstellt, dann muss man sie zum Schweigen bringen. Entsprechend verkündet die katholische Religion: »Wie in allen Gemeinden der Heiligen lasset eure Weiber schweigen in der Gemeinde; denn es soll ihnen nicht zugelassen werden, daß sie reden, sondern sie sollen untertan sein, wie auch das Gesetz sagt«, befiehlt ein Text im Neuen Testament, im ersten Korintherbrief (1 Kor 14,34). Dieser schriftlich fixierte Satz ist seit ungefähr 2000 Jahren die Grundlage für zahlreiche Vorschriften, die während vieler Jahrhunderte die Stimme der Frau abgewürgt haben – die Sprechstimme, aber vor allem auch die Singstimme.

Das Verbot für Frauen, in Kirchen zu singen, wurde im 16. Jahrhundert auf die Bühne ausgeweitet. Die meisten Bühnen Italiens und Spaniens beispielsweise duldeten keine Sängerinnen mehr. Wer also sollte die höchsten Stimmlagen in Werken, vor allem in Opern, wiedergeben? Und wie sollte man die weiblichen Rollen besetzen, wenn die Frauen von der Bühne ausgeschlossen waren? Nun, man musste bloß den Jungen die Hoden abschneiden, damit sie ihre jugendliche Stimme behielten. Diese organisierte Barbarei dauerte drei Jahrhunderte lang an, bis Papst Leo XIII. 1902 die Kastration und den Einsatz von Kastraten in der religiösen Musik verbot. Der enorme Erfolg der Kastraten erklärt sich durch den »Bedarf«, aber auch die stimmliche Qualität dieser Eunuchen. Wenn man einem Jungen vor der Pubertät, also zwischen 8 und 12 Jahren, die Hoden herausnimmt, entwickelt sich der Kehlkopf nicht weiter, das Kind behält seine hohe Stimmlage, erwirbt aber beim Heranwachsen den Stimmumfang eines Erwachsenen. Die Kastraten verfügten also über eine einzigartige Stimme, aber zu welchem Preis? Die operative Entfernung der Testikel begünstigt das Längenwachstum (die Kastraten sind bekannt für ihre Körpergröße), verhindert aber die Entwicklung der Muskeln, der Behaarung und das Knochenwachstum. In manchen Fällen wurden sie Opfer von Fehlbildungen oder waren mit einem sehr schwachen Immunsystem ausgestattet.

Das Schicksal eines der berühmtesten unter ihnen, Farinelli, ist eindrucksvoll, allerdings kaum repräsentativ. Er stammt aus wohlhabendem Milieu, im Gegensatz zu den meisten Kastraten, die als Sänger ihren Status zu verbessern hoffen. Aber das ist eine Sackgasse: Von im Durchschnitt jährlich 5000 kastrierten Knaben in Italien machen lediglich zehn Prozent Karriere auf musikalischem Gebiet. Die anderen müssen anderswo eine Arbeit finden. Farinelli hingegen ist in ganz Europa gefragt, er wird für seine außerordentlichen stimmlichen Fähigkeiten und seinen besonders großen Stimmumfang von drei Oktaven opulent bezahlt. In Italien werden quasi ›Duelle‹ organisiert, in denen Kastraten in direkter Konkurrenz zueinander auftreten. Jeder gibt seine Virtuosität und seine Fähigkeit, zu einer bekannten Melodie zu improvisieren, zum Besten. Man applaudiert dann dem Sänger, der in der Lage ist, die Beweglichkeit, Finesse und Geschwindigkeit des anderen zu überbieten. Die Stimmen steigen zu den höchsten Tonlagen auf, halten so lange wie möglich einen Ton, Triller und Variationen geben den so anpassungsfähigen und kräftigen Stimmen Farbe. Das Publikum liebt diese Konzerte. Farinelli zeichnet sich darin aus, er wird so zum *divo assoluto*, zum absoluten Star – *divo*, die männliche Form von *diva*, denn, ja, die ersten Divas waren in der Tat Männer: Kastraten.

Was passiert in dieser Zeit in Frankreich? Die Öffentlichkeit scheint Kastraten gegenüber wenig aufgeschlossen zu sein. Im Gegenteil, man kritisiert ihre Physis, macht sich darüber lustig und zieht es vor, Sängerinnen auf der Bühne zu sehen, auch wenn diese dem mitleidlosen Blick der Zuschauer ebenfalls nicht entgehen. In dem Sammelband *Émancipation sexuelle ou contrainte des corps*[4] (›Sexuelle Emanzipation oder Gewalt an Körpern‹) hat die Musikwissenschaftlerin Raphaëlle Legrand ein Kapitel mit dem Titel verfasst: »Libertines et femmes vertueuses: l'image des chanteuses d'opéra et de opéra-comique en France au XVIIIe siècle« (›Freigeistige Frauen und tugendhafte Frauen: Das Bild der Sängerinnen an der Oper und der Opéra-Comique im Frankreich des 18. Jahrhunderts‹). Sie legt darin das Paradox dar, das mit dem beruflichen Status verbunden ist. Die Frauen der Comédie-Italienne (die 1762 mit der Opéra-Comique fusioniert wird) konnten in gleicher Weise wie die Männer entlohnt werden, einen Beruf ausüben und manchmal sogar ein Theater leiten. Im Gegenzug allerdings waren sie häufig schlecht angesehen und mussten vonseiten des Publikums heftiges Gespött ertragen. Derartige Verhöhnungen konnten manchmal plötzlich inmitten der Vorstellung auftreten, wenn sich das Parterre, in dem unbeherrschte und lärmende Männer standen, dafür entschied, dass man dieser oder jener Sängerin keine Chance geben sollte. Übrigens wurden diese Frauen nicht als »Sängerinnen«, sondern als »singende Schauspielerinnen« bezeichnet, denn die Spielweise, die physische Erscheinung, der Körper waren genauso wichtig wie die Stimme; daher die zahlreichen Kommentare, die sich über die stimmlichen Qualitäten einer Sängerin ebenso wie über ihren Gesichtsausdruck, ihre Physiognomie oder ihr Auftreten beklagen.

Der wesentliche Unterschied zwischen den Darstellerinnen der Oper und der Comédie-Italienne bestand im Zölibat. Der von Ludwig XIV. verehrte Komponist Jean-Baptiste Lully – schon wieder er! – etablierte für die Sängerinnen eine Vorschrift: Sie sollten unverheiratet bleiben, um Schwangerschaften und die damit einhergehenden Abwesenheiten zu vermeiden. Ihr Leben sollte der Musik und nicht der Familie geweiht sein. Ganz anders die Sängerinnen der Opéra-Comique: Sie heirateten, trennten sich, wurden Witwen (häufig der beste Status, um frei zu sein, wovon beispielsweise Julie Candeille profitierte) oder auch zu Geliebten, manches Mal zu Freidenkerinnen, manches Mal zu Prostituierten. Nicht alle verdienten mit ihrer Kunst genug, und so mussten einige Sängerinnen ihren Körper feilbieten, um ihren Lebensunterhalt zu bestreiten. Der schlechte Ruf dieser Frauen kommt nicht von ungefähr, jedoch rechtfertigt das keineswegs ihre Stigmatisierung. Die Brutalität, der sie durch die Presse, Spottgedichte und zeitgenössische Lieder ausgesetzt waren, ist ungeheuerlich, wie die folgenden Worte von Charles Collé in seinem 1765 veröffentlichten Gedicht über die Sängerinnen der Opéra-Comique veranschaulichen:

Lemierre avec son air decent	Lemierre mit ihrer tugendhaften Miene
à ce qu'on dit les prend au cent;	wie man sagt, nimmt sie die Männer zu Hunderten;
Elle aime qu'on la tape,	Sie liebt es, wenn man sie begattet,
Mais heureux qui s'en échappe.	aber glücklich ist, wer dem entkommt

Trotz dieses ungehemmten Hasses erlangen einige Sängerinnen einen privilegierten Status. Vom Publikum und der Kritik verehrt, werden sie sogar in ihrem Metier geachtet. Um nur einige zu nennen: Marie-Thérèse Laruette und Marie-Jeanne Trial erleiden nicht dasselbe Schicksal wie ihre Kolleginnen, ebenso wenig Mademoiselle Chantilly. Letztere heiratet 1745 den Direktor der Opéra-Comique Charles-Simon Favart und wird zu Justine Favart. Sie ist Sängerin, Tänzerin und Dramatikerin und leitet im Bereich der Opernkostüme eine kleine Revolution in die Wege. Justine Favart führt nämlich mit Blick auf die Kleidung den Begriff der Authentizität ein. Von nun an spielen die Sängerinnen und Sänger in Kostümen, die den jeweiligen Figuren entsprechen – was zuvor nicht der Fall war. Der Komponist Jacques Offenbach wird die Verdienste dieser wichtigen Persönlichkeit des 18. Jahrhunderts in seiner 1878 verfassten Opéra-comique *Madame Favart* würdigen, in der abenteuerliche Episoden aus dem Leben eines der berühmtesten Paare der Pariser Theaterszene vor der Revolution nachgezeichnet werden. Übrigens wird die aktuelle Opéra-Comique in Paris auch Konzertsaal Favart genannt, zu Ehren des Direktors und der Musikerin, die dieser Institution einen höheren Rang verliehen.

Die fragile und widersprüchliche gesellschaftliche Stellung der Opernsängerinnen wird sich wandeln, an Ansehen gewinnen und im 19. Jahrhundert den Gipfel des Ruhms erklimmen. Schon lange vor Maria Callas kannte die Welt der klassischen Musik die in ganz Europa vergötterten Divas. Eine der berühmtesten ist eine französische Mezzo-Sopranistin spanischer Herkunft: Maria Malibran, genannt die Malibran. Ihre Geschichte ist mit dem Bedeutungsschwund der *divos* (der Kastraten) zu Beginn des 19. Jahrhunderts verwoben, wovon die Divas profitierten. Sie war die Tochter eines Sängerpaares; ihr Vater lehrte sie Gesang auf sehr drastische, mitunter auch gewaltsame Weise. Manuel García ließ nichts durchgehen, er versuchte die Stimme seiner Tochter durch endlose Unterrichtsstunden, die häufig in Schreien und Tränen endeten, gefügig zu machen. Hinter dieser Verbissenheit verbarg sich jedoch die Bewunderung für die stimmliche Begabung Marias. Letztere betrat die Musikwelt mit 17 Jahren auf fulminante Weise bei einem Konzert in London, bei dem sie auf die Bühne gedrängt wurde.

Wir befinden uns im Jahre 1825, die englische Hauptstadt empfängt einen der großen Kastraten, Giambattista Velluti, um ihn in Giacomo Meyerbeers Oper *Il crociato in Egitto* (*Der Kreuzritter in Ägypten*) in der Hauptrolle zu hören, die eigens für die Stimme des italienischen Sängers geschrieben wurde.

Neben dieser Oper gibt er einige Solokonzerte, sehnlichst erwartet vom Londoner Publikum. Auch wenn die glanzvollsten Stunden der Kastraten bereits der Vergangenheit angehören, ist der Name einer Persönlichkeit wie Velluti in ganz Europa bekannt. Es ist in etwa so, als würde ein in den 1980er Jahren beliebter Sänger heute ein Konzert geben. Man geht schon wegen seines Prestiges dorthin. Manuel García nimmt also seine Tochter mit zu einer der Vorstellungen. Der Kastrat hat sein Programm durch ein Duett ergänzt, einen Auszug der aus dem 18. Jahrhundert stammenden Oper *Giulietta e Romeo* des italienischen Komponisten Niccolò Antonio Zingarelli. Nur will keine Sängerin mit ihm auf die Bühne. Die Furcht vor den Launen des *divo* und davor, stimmlich an die Wand gedrückt werden, ist zu groß. Manuel García ergreift die Gelegenheit und bringt bei dem Theaterdirektor die Begabung seiner Tochter ins Spiel. Maria García findet sich also neben einem der größten Stars der Epoche wieder, er damals 44 Jahre alt, während sie mit ihren 17 Jahren gerade erst als Sängerin debütiert.

Der Kastrat mit seiner geschmeidigen Stimme geht von einer Note in pianissimo zu einem kraftvollen Klang über, der den ganzen Saal füllt – ganz zu schweigen davon, wie er Vokalisen beherrscht oder einen Ton derart lange halten kann, dass er kaum zu enden scheint. Und schließlich kommt das Timbre seiner einzigartigen und so schwer zu beschreibenden Stimme hinzu. Es gibt zwar eine Aufnahme von einer Kastratenstimme, die zwischen 1902 und 1904 gemacht wurde, aber die damaligen Techniken, Musik einzufangen und aufzuzeichnen, waren so wenig entwickelt, dass schließlich nur ein mittelmäßiger, rauschender Ton zu hören ist, der kaum erahnen lässt, wofür ein Jahrhundert zuvor das Publikum applaudierte. Neben diesem Riesen erhält Maria García einen warmen und ermutigenden Beifallssturm. Mit diesem Konzert setzt eine internationale Karriere ein, die Bewunderung der größten Persönlichkeiten des 19. Jahrhunderts wird ihr zuteilwerden. Ihre Stimme allein ist nicht der Grund für ihre Popularität. Maria Malibran ist zudem sehr schön, und auf der Bühne lässt sie durch ihre herausragende Schauspielkunst ihre Figuren lebendig werden. Mit ihren Gesten, ihrem Gesicht, ihrer Stimme, ihrem Ausdruck bringt sie die Menschenmenge zum Weinen und verblüfft Komponisten, Schriftsteller und Dichter. In den Rang einer Diva erhoben, repräsentiert sie nicht mehr die Sängerin mit den leichten Sitten der Opéra-comique zur Zeit der Klassik, sondern wird zu einer Art Ikone, bewundert und respektiert. Weit entfernt von den frivolen und ein wenig einfältigen Schäferinnen des 18. Jahrhunderts verkörpert die Malibran bestimmte große Opernrollen wie die Zerlina aus Mozarts *Don Giovanni*, die Rosina aus Rossinis *Il barbiere di Siviglia* oder die Norma aus dem gleichnamigen Werk von Bellini.

Mitten im Aufstieg stirbt die Sängerin mit 28 Jahren an den Folgen eines Reitunfalls auf drastische Weise. Ein tragisches Ende, ähnlich dem einiger Heldinnen, denen sie auf der Bühne Leben und Körperlichkeit verlieh. Die Kunstszene beweint ihren Tod, so wie Alfred de Musset, der ihr das Gedicht *À la Malibran* (›An die Malibran‹) widmet:

Wo sind, Ninetta, nun, wo sind, in welcher Dauer,
die Töne nun, erfüllt von Liebesglanz und Schauer,
die aus den Gnadenlippen flogen jeden Tag
als wie der Blüten Dufthaus überm Rotdornhaag?
Wo zittert nun dein Klang, die Stimme deiner Trauer,
Wo rauscht die Harfe nun, die dir am Herzen lag?

War es nicht gestern erst, daß man im Freudenkleide
dich spöttisch, launig als Rosina wirbeln sah,
die uns aus deinem Mund, Marie-Felicia,

die Arien hinwarf wie ein zärtliches Geschmeide?
Und diese Tränen dann im Liede von der Weide –
War es nicht gestern erst, bleiche Desdemona?

War es nicht gestern, daß in des Lebens Blüte
du durch Europa zogst, die Leyer in der Hand,
und daß die Meerflut dich, die Lachende, umsprühte?
Du sangst die Tarantella an Neapels Strand,
ein schalkhaft Mädchen heut, das morgen heilig glühte,
Herz eines Engels, Löwenherz und ungekannt.[5]

Ihr Tod hinterlässt eine große Leere, die ihre kleine Schwester Pauline zu füllen versucht. Ihr steht eine große Karriere als Pianistin in Aussicht, mit dem Lehrer ihrer Wahl, Franz Liszt, der ihr schreibt: »Sie zu bewundern ist jedermanns Sache, aber ich schmeichle mir, dies seit Jahren in herausragendem Maße zu tun.«[6] Auf Geheiß ihrer Mutter befasst sich Pauline García mit Gesang. Unmittelbar nach dem Ableben Maria Malebrans wünscht Joaquina Sitchez, dass ihre zweite Tochter deren Nachfolge antritt. Stimmlich weniger begabt als ihre Schwester, wird Pauline alles auf Expressivität und musikalische Intelligenz setzen, um sich auf der Bühne von jener abzusetzen. Sie wird, den Worten ihrer Freundin George Sand zufolge, »die erste Sängerin der Welt« und inspiriert diese zu der Hauptfigur eines Romans, einer venezianischen Sängerin namens Consuelo. Die Schriftstellerin empfiehlt ihr auch, den Leiter des Théâtre-Italien zu heiraten, und im Jahr 1840 wird aus Pauline García Pauline Viardot.

Im Leben der Pauline Viardot spielen nicht nur ihre Stimme und ihr Status als Muse eine Rolle. Sie nimmt junge Komponisten unter ihre Fittiche wie Charles Gounod und Jules Massenet, damit diese ihre Musik zu Gehör bringen können, sei es in ihrem Stadtpalais im IX. Arrondissement von Paris – den Aussagen von Camille Saint-Saëns zufolge »dem Tempel der heiligen Musik« – oder in den glanzvollen Sälen der Hauptstadt. In der Musikwelt von Paris hat Pauline Viardot das Sagen. Ihr ist es zu verdanken, dass einige ein wenig in Vergessenheit geratene barocke Komponisten wie Händel, Gluck oder Lully wieder aus der Versenkung auftauchen. Sie ist es auch, die 1854 eine handschriftliche Partitur von Mozarts Oper *Don Giovanni* erwirbt und damit ihr Haus zu einem Pilgerort für zahlreiche Künstler macht.

Bis ins Alter von 41 Jahren begeistert Pauline Viardot die Bühnen Europas mit ihrer Stimme, aber auch mit ihrer perfekten Aussprache (sie ist polyglott und spricht fließend sechs Sprachen). Nachdem sie die 40 überschritten hat, widmet sie sich der Komposition, hinterlässt über 250 Partituren, unter anderem eine Arie, *Hai Luli*, heute feinsinnig vorgetragen von der italienischen Sängerin Cecilia Bartoli. Diese großzügige Diva unserer Tage[7], der überall, wo sie singt, zugejubelt wird, vermag einfach alles mit ihrer Stimme, vom leichten Pianissimo bis hin zu den brillantesten Vokalisen, und sie verfügt über eine stimmliche Farbigkeit, die Bewunderung erheischt. In zwei Jahrhunderten wandelt sich also der zunächst fragwürdige Ruf der Sängerinnen zu dem eines überall vergötterten Stars. Diese Veränderung vollzieht sich im 19. Jahrhundert, als die Kastraten die Bühne verlassen; sie machen einer Generation von Sängerinnen Platz, denen die schönsten (und tragischsten) Rollen auf den Leib geschrieben werden.

Hélène de Montgeroult – eine revolutionäre Pianistin

Die Szene spielt sich vor dem Wohlfahrtsausschuss ab, der ersten Organisation der neuen revolutionären Regierung, die (unter anderem) entscheiden soll, wer unter die Guillotine kommt. Eine Aristokratin, Madame de Montgeroult, tritt vor die Versammlung, darauf vorbereitet, das schreckliche Urteil entgegenzunehmen, als die Sitzung plötzlich von einem gewissen Bernard Sarrette, der gerade zum Leiter des Nationalen Instituts für Musik, des zukünftigen Konservatoriums, ernannt wurde, unterbrochen wird. Der Mann der Musik plädiert für die Angeklagte mit dem Argument, dass die Einrichtung, die er leitet, nicht auf den größten »Klavierlehrer« (sic!), der zurzeit in Frankreich existiere, verzichten könne.

Auf der Stelle wird ein Klavier herbeigeschafft, damit Madame Montgeroult die Aussagen des Direktors unter Beweis stellen kann. Man fordert sie auf, die *Marseillaise* zu spielen, damit sie so ihren Patriotismus bekundet. Die Musikerin gehorcht dem Befehl und fährt anschließend mit Variationen zur Hymne fort, und zwar in einem Stil und solcher Virtuosität, dass das gesamte Komitee aus vollem Halse zu singen beginnt. Das revolutionäre Tribunal ist überwältigt und begnadigt die Pianistin mit den Worten: »Bürgerin, Du bist eine gute Patriotin, und wir sprechen Dich von den gegen Dich erhobenen Anklagen frei. Komm, nimm die brüderliche feierliche Umarmung entgegen!«

Diese Geschichte, die nahezu ein Jahrhundert nach den entsprechenden Ereignissen von dem Musikkritiker und Komponisten Eugène Gautier erzählt und 1873 in *Un musicien en vacances* veröffentlicht wurde, ist durchaus plausibel, konnte aber weder je bestätigt noch für unwahr erklärt werden. Sie hat jedoch den Vorteil, den Namen einer fabelhaften Musikerin und einer der berühmtesten Pianistinnen des 18. Jahrhunderts hervorzuheben. Als erste Frau, die am Konservatorium von Paris zur Professorin für Klavier ernannt wurde, und zwar für eine Männerklasse – dieses Detail ist wichtig –, komponierte Hélène de Montgeroult innovative Werke, die die größten romantischen Komponisten beeinflussten. Sie ist nämlich Erfinderin eines der in der ganzen Musikgeschichte wichtigsten Lehrbücher für Klavier. Trotz dieses beachtlichen *curriculum vitae* ist ihr Name wenig bekannt.

Außer den wegweisenden Arbeiten von Anne-Noëlle Bailly-Bouton, die ihre Doktorarbeit über diese Komponistin schrieb, verdankt sich ihre Wiederentdeckung vor allem dem Buch von Jérôme Dorival, *Hélène de Montgeroult. La Marquise et la Marseillaise* (2006). Dass sie aus dem kollektiven Gedächtnis getilgt wurde, lässt sich teilweise mit ihrem Status, ihrem Engagement sowie ihren Lebensentscheidungen erklären; stets saß sie zwischen den Stühlen: »Sie war Marquise, aber der Revolution verpflichtet, oder umgekehrt Revolutionärin, aber kein Mitglied der Bergpartei; sie war weiblich, aber keine Galionsfigur des Feminismus; eine Frau der Aufklärung, aber eine verkannte Künstlerin; sie war präsent in Salons, aber fast ausschließlich im eigenen; sie war Musikerin, aber als Pädagogin eine Randerscheinung; und schließlich war sie eine freie Frau, die dreimal verheiratet war!«

Aber das erklärt nicht alles. Wie konnte eine im wahrsten Sinne des Wortes revolutionäre Künstlerin derart unbeachtet bleiben? Wie kann es sein, dass auf eine Pianistin, die Robert Schumann, Frédéric Chopin, Felix Mendelssohn, sicher auch Beethoven, Brahms, Debussy und viele andere beeinflusst hat, nicht als Quelle verwiesen wird? Warum werden ihre Werke, vor allem ihre 114 Etüden für Klavier, nicht in allen Musikakademien Frankreichs und der ganzen Welt gelehrt?

Hélène de Nervo kommt 1764 in Lyon als Kind einer adligen Familie zur Welt. Mit ihrer ersten Heirat im Alter von 20 Jahren wird sie Marquise von Montgeroult. Das Klavierspiel zu erlernen gehörte zur Erziehung eines Mädchens aus gutem Hause, Hélène entgeht dem nicht, aber: Sie ist darin hervorragend. Das Spiel dieser subtilen Pianistin und genialen Improvisateurin wird in vielen zeitgenössischen Kommentaren gerühmt, aber auch noch nach ihrem Tod, wie die Worte von Paul Smith alias Édouard Monnais in seinen *Esquisses de la vie d'artiste* (›Skizzen des Lebens einer Künstlerin‹) von 1841 bezeugen:

> Es sind nur wenige Jahre seit dem Tod dieser wahrhaft überragenden Frau vergangen, und schon trifft man kaum mehr auf Leute, die das Glück hatten, sie zu hören; jene aber sprechen von ihrem Spiel mit tiefer Bewunderung, einer ernsthaften und andächtigen Begeisterung, die von einer Art Mystizismus nicht ganz frei ist. Stützte man sich auf ihre Aussagen, so hat das Klavier nie zu einer melodiöseren Sprache gefunden, wurde nie sanfter, nie edler und weicher angeschlagen, niemals wurden seine Tasten von einem zarteren und exquisiteren Ausdruck belebt als von den Fingern der Hélène de Nervo, der späteren Madame de Montgeroult.

Die Malerin Élisabeth Vigée Le Brun wurde ebenfalls Zeugin des pianistischen Könnens ihrer Zeitgenossin. Und sie erinnert sich sehr gut daran. 1835 schreibt sie: »Obgleich sie damals noch sehr jung war, setzte sie doch die ganze, wirklich recht anspruchsvolle Gesellschaft durch ihren wundervollen Vortrag und Ausdruck in Erstaunen, sie ließ die Tasten sprechen. Damals war sie eine Klavierspielerin ersten Ranges. Sie wissen ja, daß sich Madame de Montgeron [sic!] seitdem auch als Komponistin ausgezeichnet hat.«[8]

Aus diesem einfachen Zitat erfahren wir eine Menge. »Meine Gesellschaft« bezieht sich auf den Salon, den die Malerin unterhielt, einen Privatsalon, in dem Künstler, Philosophen und weitere Intellektuelle miteinander verkehrten. Wegen ihres gesellschaftlichen Standes als Marquise gab Hélène de Montgeroult niemals ein öffentliches Konzert. Ihre Begabung konnte lediglich im vertraulichen Rahmen genossen werden, zumeist in ihrem eigenen Salon, dessen Gäste sie sorgfältig auswählte.

Élisabeth Vigée Le Brun spricht auch von ihrem »Ausdruck«: Wir befinden uns Anfang des 19. Jahrhunderts noch am Beginn der romantischen Epoche, die sich dadurch hervortun wird, mit Hilfe der Musik Gefühle zum Ausdruck zu bringen. Am Übergang vom 18. zum 19. Jahrhundert ist dieser besagte Ausdruck bzw. die Ausdrucksfähigkeit noch eher der Stimme vorbehalten, dem Spiel auf der Opernbühne, aber nicht dem Klavier als Soloinstrument. Hélène de Montgeroult jedoch beharrt in ihrem *Cours complet pour l'enseignement du forté piano*, ihrer dreibändigen Klavierschule, mehrfach auf einem Klavierspiel, das sich nicht allein auf die Technik, die bloße Kunstfertigkeit stützt. Für sie ist das Klavier ein Instrument, das über alle Ausdrucksfähigkeiten der Musik verfügt; und dies sollte sich auch in den Etüden niederschlagen, die eigentlich als Mittel gedacht sind, damit der Schüler Fortschritte macht. Eben jene Etüden werden für die romantischen Komponisten zu einer eigenständigen Musikgattung, wie die seither berühmten Etüden für Klavier von Frédéric Chopin belegen. Doch bereits vor Chopin schenkte Hélène de Montgeroult diesen Übungsstücken besondere Aufmerksamkeit; um sich davon zu überzeugen, reicht es, sie zu hören, angefangen bei ihrer fesselnden Etüde Nr. 62 oder ihrer – von Johann Sebastian Bachs erstem Präludium aus dem *Wohltemperierten Klavier* inspirierten – Etüde Nr. 19.

Hier zeigt sich ein weiteres bemerkenswertes Element ihres Lebens: ihre Bewunderung für diesen deutschen Komponisten. Zu jener Zeit war Bach nicht der Superstar, als den man ihn heute kennt. Er galt als ernster, allzu ernster Komponist, und sein Werk wurde sehr selten gespielt. Hélène de Montgeroult hingegen studierte ihn, ließ sich von ihm inspirieren und brachte den ganzen Reichtum seiner Stücke, insbesondere jener für Klavier, zur Geltung – Dutzende von Jahren vor seiner offiziellen Rehabilitierung. Die Musikgeschichte ehrt stattdessen Felix Mendelssohn dafür, das Werk Bachs wiederentdeckt zu haben, und zwar verbunden mit einem Schlüsseldatum: jenem Tag im Jahr 1829, als zum ersten Mal nach dem Tod Bachs bei einem Konzert in Berlin seine *Matthäuspassion* wieder erklang. Dieses öffentliche Ereignis wurde viel mehr beachtet als die pianistischen Inspirationen einer jungen Komponistin des 18. Jahrhunderts.

Die einzige öffentliche Anerkennung im Leben der Hélène de Montgeroult ist ihre Ernennung zur Professorin für Klavier am Konservatorium. Zum ersten Mal tritt die Musikerin aus dem Schatten hervor. Dieser neue Ort für Musikerziehung wurde in Paris im Jahr 1795 geschaffen. Mädchen sind nicht ausgeschlossen, werden aber in ausschließlich ihnen zugedachten Klassen unterrichtet – von männlichen Professoren. Anlässlich der Eröffnung erhält Hélène de Montgeroult den Auftrag, dort Klavierkurse für Männer zu geben. Sie gibt diese renommierte Stellung kaum drei Jahre später aus gesundheitlichen Gründen auf. Der Brief, den ihr das Leitungskomitee des Konservatoriums unmittelbar nach ihrer Kündigung schreibt, zeugt davon, wie sehr man ihre pädagogischen Qualitäten bewunderte: »Zu diesen schmerzlichen Gefühlen, hervorgerufen durch den Verlust einer so kostbaren Lehrbegabung wie der Ihren, gesellen sich jene, die durch die Gründe für Ihren Rücktritt motiviert sind.«

Jérôme Dorival liefert eine andere Erklärung für diesen Rücktritt: einen ästhetischen Dissens um die Ausbildung am Klavier. Das Konservatorium entschied sich nämlich für jene Methode, die Jean-Louis Adam ausgearbeitet hatte, ein Komponist, der das Klavier als Stütze für die Schreib- und Kompositionsarbeit gebraucht. Im Gegensatz dazu verficht Hélène de Montgeroult die Auffassung, dass das Klavierspielen eine eigenständige Kunst und damit die gut 700 Seiten wert sei, auf denen sie in dem berühmten *Cours complet pour l'enseignement du forté piano* ihre eigene Methode darlegt. Niemals in der Musikgeschichte ist eine solche Arbeit zu diesem Instrument ausgeführt worden. Diese 972 Übungen, 114 Etüden und die vielen Anmerkungen der Komponistin bilden einen vollständigen Ratgeber für die Klavierausbildung, der auf die Nuanciertheit des Spiels, des Ausdrucks eingeht und Ratschläge zur Handhaltung, zur Phrasierung sowie zur Anschlagstechnik erteilt. Zudem enthält die Sammlung von Übungsstücken auch Werke alter Meister wie Bach, Händel und Scarlatti – drei damals noch wenig gespielte Komponisten.

Das Schicksal dieser Klavierschule ist unglaublich paradox: Sie fristete ein Schattendasein, obgleich sie Generationen von Komponisten inspirierte, darunter so große Namen wie Robert Schumann, Felix Mendelssohn oder Frédéric Chopin. Manche der Künstler, die diesen *Cours complet* besaßen, mochten vielleicht nicht betonen, dass sie ihr pianistisches Können einer Frau verdankten; andere hatten sicher auch andere Lehrbücher zur Hand, die von dem von Hélène de Montgeroult verfassten beeinflusst waren, wenn deren Autoren nicht sogar daraus abgeschrieben hatten. Wie sonst sollte man die sehr engen Bande zwischen bestimmten Werken jener Komponisten und denen erklären, die Dutzende Jahre zuvor von der Lyoner Pianistin komponiert wurden? Jérôme Dorival empfiehlt beispielsweise, Hélène de Montgeroults Etüden Nr. 11, 13, 18 oder 49 anzuhören, um darin ein wenig Schumann, und die Etüde Nr. 107, um darin ein wenig Chopin zu vernehmen. Es ist auch durchaus amüsant, ihre *Grande fantaisie* mit Beethovens *Appassionata* zu vergleichen oder beim Hören weitere Ähnlichkeiten zwischen diesen zukunftsweisenden, aber in Vergessenheit geratenen Werken Hélène de Montgeroults und jenen aufzuspüren, von denen Dutzende von Aufnahmen existieren; sie wurden zumeist von Männern komponiert, die nicht dafür kämpfen mussten, ihre Musik zu Gehör zu bringen.

War Mozart eine Frau?

Seien Sie beruhigt, der wie kein anderer für die klassische Musik stehende Komponist mit dem Vornamen Wolfgang Amadeus war ein Mann, geboren am 27. Januar 1756. Gleichwohl existierte auch *eine* Mozart in der Person von Maria Anna Mozart, Wolfgangs fünf Jahre älterer Schwester. Sie trug dazu bei, das Andenken an ihren Bruder wachzuhalten, indem sie seine Korrespondenzen und seine Werke aufbewahrte, aber vor allem hat sie ihn in seinen ersten Lebensjahren inspiriert. Als Pianistin von außergewöhnlicher Virtuosität war die junge Maria Anna Mozart in ganz Europa bekannt. Mozart wuchs also mit einem weiblichen Vorbild auf, seiner Schwester, bevor er sich von ihr emanzipierte und sein Leben ganz dem Komponieren widmete.

Die Familie Mozart ist ein Musterbeispiel für die künstlerische Erziehung im 18. Jahrhundert. Die Kinder werden früh an die Musik herangeführt, meist von einem Angehörigen, in diesem Fall dem Vater Leopold Mozart. Diese Ausbildung unterscheidet nicht zwischen den Geschlechtern: Die kleinen Mädchen können ebenso wie die kleinen Jungen lernen, zu singen oder ein Musikinstrument zu spielen. Aber Achtung: Für die Mädchen ist die Auswahl begrenzt, sie dürfen sich nur an Tasteninstrumente heranwagen (ans Cembalo oder ans Hammerklavier, den Vorläufer des Klaviers). Der andere große Unterschied bei dieser Art von Unterricht besteht in seinem Zweck: Die Jungen werden in die Musik eingeführt, um sich als Berufsmusiker bei Hofe zu etablieren und sich ihren Lebensunterhalt zu verdienen. Die Mädchen hingegen durchlaufen diese Ausbildung, um eine gute Partie zu machen. In einem Brief vom 24. November 1785 schreibt der Vater der beiden Mozarts an seine Tochter, die inzwischen mit einem Witwer und Vater von fünf Kindern verheiratet ist: »Die Nannerl [die Älteste von Maria Anna Mozarts Stieftöchtern, die denselben Spitznamen trägt wie ihre Stiefmutter] lasse besonders grüssen, und ihr sagen, sie möchte ein wenig darüber nachdenken, ob sie glauben kann, dass ein Frauenzimmer bey dieser Zeit gefallen kann, die sich nur allein den dienstmägden gleich zu bilden trachtet, und sich nicht noblere Art zu unterscheiden bemühet ist. [...] Hat sie aber andere einer Freule [einem Fräulein] anständige Eigenschaften auch dabey; dann kann sie sich Hofnung zu einem artigen jungen, edlen Mann machen; sonst gewiss nicht.«[9] Die Musik ist für die Frauen demnach lediglich ein Pluspunkt auf dem Heiratsmarkt und reine Zierde, um sich von den Domestiken zu unterscheiden.

Man wird sich also nicht darüber wundern, dass Maria Anna Mozart niemals darauf hoffen durfte, Karriere zu machen – obgleich ihre Veranlagung ihr eine erstrangige in Aussicht stellte. Ab dem Alter von acht Jahren unterrichtet ihr Vater das Mädchen in Musik. Sie möchte Geige spielen, aber ihr Vater, Autor eines angesehenen Lehrbuchs zu diesem Saiteninstrument, lehnt dies ab. Also wird sie auf dem Cembalo brillieren. Maria Anna Mozart wird zu einem Phänomen: »Stellen Sie sich einmal ein Mägden von 11 Jahren vor, das die schweresten Sonaten und Concert der grösten Meister auf dem Clavessin oder Flügel auf das Deutlichste, mit einer kaum glaublichen Leichtigkeit fertiget und nach dem besten Geschmack wegspielt. Das muß schon viele in eine Verwunderung sezen«, berichtet im Jahr 1763 eine Augsburger Zeitung.[10] Maria Anna Mozart ist ein »Wunderkind«, ein »Genie«, eine »Virtuosin« – derartige Bezeichnungen kann man in den damaligen Kritiken häufig lesen, vor allem zwischen Juli 1763 und November 1766. Diese Daten korrespondieren mit einer großen Tournee der Familie Mozart. Der Vater nimmt seine Ehefrau Anna Maria Mozart und seine beiden Kinder Wolfgang und Maria Anna in viele (mehr als 80!) europäische Städte mit, um die Begabungen seiner Sprösslinge vorzuführen, vor allem aber auch, um seinen Lebensunterhalt zu verdienen: Am Ende jedes Konzerts erhalten die jungen Künstler zahlreiche Geschenke und der Vater eine finanzielle Entschädigung.

Nannerl ist zwölf Jahre alt, als sie sich auf diese Reisen begibt. Ihr Bruder, sieben Jahre alt, kennt sich in der Musik bereits gut aus – dank ihr. Als die Tournee beginnt, beherrscht er bereits das Cembalo, das Hammerklavier, die Orgel, aber auch die Geige – ihn unterrichtet der Vater an seinem Lieblingsinstrument. Im Gegensatz zu Maria Anna komponiert das Wunderkind auch, häufig jedoch mit Unterstützung seiner Schwester. Man muss sich die langen Reisetage, die mondänen Diners, die Festlichkeiten vorstellen – so viele Momente, in denen die Kinder sich selbst überlassen sind. Als Wolfgang seine erste Symphonie komponiert, ist die ganze Familie gerade auf Tournee in London. Der Vater ist erkrankt, die beiden Kinder sind ermahnt worden, still zu sein und also nicht zu musizieren. Nichts aber hindert sie daran, zu komponieren. Nannerl überträgt die Symphonie in eine Partitur und kümmert sich von der ersten Version an, die ihr Bruder komponiert hat, um die Orchestrierung, die Notierung für alle Instrumente.

Der jungen Pianistin ist das Komponieren also keineswegs fremd, nur hat sie nicht das Recht, sich damit zu befassen. Ihr Vater lehnt es ab, dass sie Berufsmusikerin wird, und schon gar nicht Komponistin. Gleichwohl offenbaren uns die Briefe eine außergewöhnliche Begabung. Beispielsweise sendet sie Wolfgang Menuette des Komponisten Michael Haydn (des Bruders von Joseph Haydn), die sie vollständig nach einem Konzert niedergeschrieben hat – aus dem Kopf. Den einzigen Hinweis auf ein Werk von Nannerls Hand enthält ein Brief ihres Bruders, den er ihr von seiner Italientournee aus schickt. Er schreibt: »*Cara sorella mia* [›meine liebe Schwester‹]! Ich habe mich recht verwundert, daß du so schön komponiren kanst, mit einem Wort, das lied ist schön, und probiere öfter etwas. […] schicke mir die andern 6 [Menuette von Haydn] bald, ich bitte Dich. lebe wohl. Wolfgang Mozart.«[11] Von dieser von Nannerl komponierten Musik fand sich nie eine Spur.

Maria Anna Mozart war es ganz offensichtlich nicht möglich, »öfter« so etwas zu probieren, im Gegensatz zu ihrem Bruder: Wolfgang fragt seine Schwester, was sie von diesem oder jenem Werk hält, das er zu schreiben gedenkt, und sie ihrerseits fordert von ihm neue Stücke, die sie auf dem Klavier vom Blatt spielen kann. Ein großes Einverständnis schwingt in ihrem Briefwechsel mit, obwohl sie lange Zeit getrennt sind. Leopold Mozart, der mit seinem Sohn große Ambitionen hat, nimmt ihn von 1769 an auf eine Tournee nach Italien mit, lässt aber seine Tochter mit ihrer Mutter in Salzburg zurück. Anschließend begleitet die Mutter Wolfgang durch verschiedene deutsche Städte, während Nannerl mit ihrem Vater allein und untätig zurückbleibt: »daß sich die mama und der Hanswurst [dieser Spitzname gilt ihrem Bruder] lustig und wohl auf sind habe ich mit Vergnügen gehöret. aber wir arme Waisen müssen halt trubsal blassen, und langeweil geigen«, schreibt sie 1777 an Wolfgang.[12]

Die Zeit wird Maria Anna Mozart lang. Mit 16 Jahren enden für sie die Tourneen und Konzerte, damit sie sich auf die Ehe vorbereiten kann; sie heiratet allerdings erst 1784 im Alter von 33 Jahren. Die Ehe wird mit einem Aristokraten geschlossen, den sie nicht liebt, der bereits fünffacher Vater ist und mit dem sie drei weitere Kinder haben wird.

Diese Verbindung bewahrt sie vor finanziellen Sorgen, aber um noch Kontakt zur Musikwelt zu haben, bleibt Maria Anna lediglich das Unterrichten. Die Unternehmungen ihres Bruders verfolgt sie von Weitem, unterstützt ihn sehr und unterzeichnet ihre Briefe regelmäßig mit »ein gehorsames Mädchen« – im Gegensatz zu Wolfgang, der in seinem Leben und in seiner Musik nur das tut, was ihm passt (was ihm sehr gut gelungen ist!). Seine Schwester hingegen ist eine Gefangene ihrer Zeit, sie wird im Verborgenen gehalten, erst von ihrem Vater, dann von einem Ehemann. In *Ein Zimmer für sich allein* fragt sich Virginia Woolf, was wohl aus der Schwester Shakespeares – die sie Judith nennt – geworden wäre, wenn eine solche existiert hätte. Sie stellt sie sich vor als eine Frau, die kurz vor der Zwangsheirat nach London flieht, um dort als Theaterautorin ihr Glück zu versuchen. Angesichts der Ablehnungen, die mit ihrem Geschlecht verbunden sind, bringt sie sich schließlich um, verzweifelt darüber, dass sie sich mit ihrer Begabung niemals hat Gehör verschaffen können. Die Schwester Mozarts hat sehr wohl existiert, und ihre Geschichte bestätigt teilweise Virginia Woolfs Hypothese.

Aber es gibt Ausnahmen. Was geschieht mit den Frauen, die ohne einen Mann leben? Oder zumindest die Heirat ablehnen? Der Fall der Sängerin und Komponistin Marianna von Martines, die sieben Jahre älter als Nannerl und ebenfalls Österreicherin ist, zeigt, dass ein Leben als Musikerin möglich ist, wenn bestimmte Bedingungen erfüllt sind: ein gehobenes soziales Milieu, kein Ehemann, der die Karriere behindert, und viel Unterstützung. Marianna von Martines wächst in einer adligen Familie auf. Sie spielt Cembalo, singt und komponiert zum Vergnügen, aber auch, um die Ohren am kaiserlichen Hof zu bezaubern, an dem sie schon in sehr jungen Jahren empfangen wird. Ihr Mentor ist Joseph Haydn, bevor sich der italienische Dichter und Librettist Pietro Trapassi, der unter dem Namen Metastasio bekannt ist, für sie einsetzt. Ihr Werk umfasst Oratorien, Messen, ein Klavierkonzert, eine Symphonie und zahlreiche Stücke für kleine Besetzungen. Insgesamt wurden 65 Kompositionen von ihrer Hand gefunden – aber nur wenige Schriften, Briefwechsel oder andere Dokumente ihres Lebens, die uns ihre Stellung als Komponistin im Wien des 18. Jahrhunderts genauer beleuchten könnten. Also bleiben nur Vermutungen: Da sie in einem Salon mit Wolfgang Amadeus Mozart vierhändig Sonaten gespielt hat, ist sie vielleicht auch seiner älteren Schwester begegnet, der begabten Maria Anna Mozart mit ihrem beklagenswerten Schicksal?

Playlist 3

Julie Candelle, *Sonate Nr. 1*

Sophie Gail, *N'est-ce pas d'elle?*

Camille Saint-Saëns, »Mon cœur s'ouvre à ta voix«, Arie aus der Oper *Samson et Dalila*

Pauline Viardot, *Hai Luli*, von Cecilia Bartoli interpretiert

André Grétry, *Konzert für Flöte, zwei Hörner und Orchester in C-Dur*

Hélène de Montgeroult, *Etude Nr. 62*

Hélène de Montgeroult, *Sonate Nr. 9*

Wolfgang Amadeus Mozart, *Symphonie Nr. 1* (Partitur, bei deren Transkribierung Maria Anna geholfen hat)

4 Die romantischen Kriegerinnen

Im 19. Jahrhundert beginnt die Romantik. In der Malerei, der Literatur und der Musik regiert der Gefühlsausdruck. Ein Komponist verkörpert diesen Trend in Perfektion: Ludwig van Beethoven.[1] Er wird als Vater der Romantik bezeichnet und ist mit seinem Werk Vorbote der wesentlichen Charakteristika eines Jahrhunderts, das sich der Orchestermusik mit großer Besetzung, namentlich den Symphonien, zuwendet; er ist ebenso ein Pionier jenes goldenen Zeitalters des feurigen, virtuosen Klavierspiels, und er ist einer der Ersten, der Musik als ein Mittel denkt, um Gefühle und sein Innerstes auszudrücken.

Die romantische Musik rückt neben den individuellen Emotionen auch den Komponisten in den Vordergrund. Die Interpretation ist zwar noch von Bedeutung, aber der Schöpfer eines Werks wird zum lebendigen Gott, wie die Bewunderung zeigt, die Beethoven heute noch weckt. Zeigen wir gleichwohl ein Paradox auf, das sich mit dieser im Entstehen begriffenen Musik verbindet: Die Werke drücken tiefgreifende Emotionen aus, sie sind intim, melancholisch, empfindsam – lauter Begriffe, die bis in unsere Gegenwart eher mit Weiblichkeit assoziiert werden. Die mythischen Schöpfer des 19. Jahrhunderts sind jedoch allesamt männlich: Brahms, Chopin, Schumann, Berlioz, Verdi, Liszt, Schubert, Mendelssohn, Dvořák, Gounod, Mahler, Grieg …

Dabei sind Frauen sehr wohl allgegenwärtig. Auf der Bühne verkörpern sie die Hauptrollen der großen romantischen Opern; im Konservatorium füllen sie die (ihnen vorbehaltenen) Instrumentenklassen; in den Privatsalons der europäischen Hauptstädte, und damit in Künstlerkreisen, haben sie das Sagen; und überall komponieren sie. Dass sie aus der Musikgeschichte ausradiert wurden, erstaunt umso mehr, als einige von ihnen wahrhafte Stars und von ihren Berufskollegen anerkannt waren; und diesmal sind die uneinheitlichen oder fehlenden Quellen keine Entschuldigung dafür, dass sie in Vergessenheit gerieten.

Die geopferten Musen

Dieses Buch hätte ebenso gut mit dem Satz »Mendelssohn war eine Frau«, »Schumann war eine Frau« oder auch »Mahler war eine Frau« beginnen können, denn hinter diesen Namen, die mit den drei romantischen Komponisten verbunden sind, verbergen sich außergewöhnliche Musikerinnen, wenn man die Vornamen Fanny, Clara und Alma hinzufügt. Dieses Trio verkörpert ein in der Künstlerwelt wohlbekanntes Muster: ein Schicksal, das durch ein männliches Genie zerstört wird – man denke nur an die Bildhauerin Camille Claudel, die von ihrem Meister und Geliebten Auguste Rodin enteignet wurde. Unseren drei Komponistinnen standen ein Ehemann, ein Vater und ein Bruder im Weg.

»Bis zu dem jetzigen Zeitpunkte besitze ich sein uneingeschränktes Vertrauen. Ich habe sein Talent sich Schritt für Schritt entwickeln sehen und selbst gewissermaßen zu seiner musikalischen Ausbildung beigetragen. Er hat keinen musikalischen Ratgeber als mich, auch sendet er nie einen Gedanken aufs Papier, ohne ihn mir vorher zur Prüfung vorgelegt zu haben. So habe ich seine Opern z. B. auswendig gewußt, noch ehe eine Note aufgeschrieben war.«[2] Fanny Mendelssohn ist 17 Jahre alt, als sie so über ihren vier Jahre jüngeren Bruder Felix spricht. Die beiden Mendelssohn-Kinder erlernen das Klavierspiel, die Notenschrift, treten gemeinsam einem Gesangsverein bei und tauschen ihre ersten Kompositionen untereinander aus, um sie zu kommentieren und zu verbessern. Während ihrer ganzen Kindheit und Jugend bezeichnet Felix seine Schwester als »meinen Kantor«, in Anspielung auf ihren Lieblingskomponisten Johann Sebastian Bach (der den Beinamen Kantor von Leipzig trug). Fanny ihrerseits nimmt ihren Bruder unter ihre Fittiche und hofft, mit ihm zusammen Wunder in der Musikwelt zu vollbringen.

Ihr Elan wird allerdings sehr rasch durch einen Brief gebremst, den sie 1820 empfängt. Fanny Mendelssohn ist damals erst 15 Jahre alt und hat gerade stolz ihrem Bruder einige Lieder zugesandt. Der Vater reagiert barsch auf diesen ersten Schritt in die Welt des Komponierens und schreibt an seine Tochter: »Die Musik wird für ihn vielleicht Beruf, während sie für Dich stets nur Zierde, niemals Grundbaß Deines Seins und Tuns werden kann und soll; […] Beharre in dieser Gesinnung und diesem Betragen, sie sind weiblich, und nur das Weibliche ziert und belohnt die Frauen.«[3]

Zwei Jahre nach dieser strengen Warnung verlobt sich die junge Musikerin mit Wilhelm Hensel, den sie mit 24 Jahren heiraten und der ihr zum Glück eine engagierte Stütze sein wird. Er spornt sie dazu an, schöpferisch tätig zu sein und ihre Werke zu veröffentlichen. Jeden Morgen hinterlegt er im Büro eine jungfräuliche Partiturseite, um sie zum Komponieren anzuregen – was sie dann auch tut, trotz der Gardinenpredigten ihres Vaters. Felix Mendelssohn, stets voll Bewunderung für seine große Schwester, umgeht die väterlichen Auflagen, indem er zweimal Fanny vorschlägt, einige ihrer Lieder unter seinem Namen zu veröffentlichen. Indem er sich Werke aneignet, die nicht die seinen sind, tappt der Komponist in eine Falle. Bei jedem Konzert rühmt das Publikum die Werke, die aus der Hand seiner Schwester stammen. Er beklagt sich bei ihr in einem Brief darüber: »Daß alle sagen, es sei das Beste im Album, was ein schlechtes Kompliment ist, denn wo ist sonst was Gutes?«[4]

Eines der Lieder der Komponistin wird sogar ein Hit. 1842 begibt sich Felix Mendelssohn, inzwischen angesehener Komponist und Orchesterchef, nach London an den Hof der Königin Viktoria. Es sind schon mehr als zehn Jahre vergangen, seit er seine Sammlung von Partituren veröffentlicht hat, in der sich einige Stücke von Fanny Hensel verbergen. Die Monarchin glaubt, ihrem Besucher eine Freude zu bereiten, und singt eines ihrer Lieblingsstücke, ein Lied mit dem Titel »Italien«. Pech gehabt, das Stück ist gar nicht von ihm, und als er einem Vertrauten von dieser Begebenheit erzählt, klingt der Ton bitter: »Nun musste ich bekennen, daß Fanny das Lied gemacht hatte (eigentlich kam es mir schwer an, aber Hoffart will Zwang leiden).«[5] Eifersüchtig, Felix? In jedem Fall wird er kurz nach dem Ableben des Vaters die Rolle des Patriarchen übernehmen und mit dem neuen Status um jeden Preis versuchen, seine Schwester vom Komponieren abzubringen. In einem an seine Mutter gerichteten Brief glaubt er sogar, in ihrem Namen sprechen zu können: »Und zu einer Autorschaft hat Fanny wie ich sie kenne, weder Lust noch Beruf, dazu ist sie zu sehr eine Frau wie es recht ist, erzieht den Sebastian und sorgt für ihr Haus und denkt weder ans Publikum noch an die musikalische Welt, noch sogar an die Musik, außer wenn jener erste Beruf erfüllt ist. Da würde sie das Druckenlassen nur darin stören, und ich kann mich eben einmal nicht damit anfreunden.«[6]

Fanny Hensel ihrerseits wendet, wenn sie sich nicht um ihr einziges Kind Sebastian kümmert, für die Musik so viel Zeit auf wie niemals zuvor. Der Tod ihres Vaters hinterlässt eine Leere im Familienleben, die sie damit füllt, jeden Sonntag Konzerte zu organisieren, bei denen die künstlerische und intellektuelle Berliner Elite zahlreich erscheint. Sie bereitet alles vor, spielt Klavier, lädt zeitgenössische Komponisten (oder Komponistinnen) ein, gründet einen Chor und übernimmt sogar die Leitung eines kleinen Kammerorchesters, das sie für einige Konzerte zusammenstellt. Sie nutzt diese Gelegenheiten, um ihre Musik und die ihres Bruders zu Gehör zu bringen, und verblüfft das Publikum als Dirigentin. Die deutsche Komponistin Johanna Kinkel nimmt an einem dieser Konzerte teil und erinnert sich Jahre später an die Handbewegungen der Dirigentin: »Ein Sforzando ihres kleinen Fingers fuhr uns wie ein elektrischer Schlag durch die Seele und riss uns ganz anders fort, als das hölzerne Klopfen eines Taktstocks auf dem Notenpulte es tun kann.«[7]

Während ihr Bruder kreuz und quer durch Europa fährt, renommierte Orchester dirigiert und seine Musik bekanntmacht, arbeitet seine Schwester im Verborgenen. Aber je älter sie wird, desto mehr wächst ihr Selbstvertrauen. Während eines Aufenthaltes in Italien kreuzt sich ihr Weg mit dem des französischen Komponisten Charles Gounod, der sich in ihre Musik verliebt und sie ermuntert, diesen Weg weiterzugehen. Schließlich befreit sich Fanny Hensel von den männlichen Autoritäten, die sie behindern. Ihr Vater lebt nicht mehr, ihr Bruder ist zu sehr damit beschäftigt, seine eigene Karriere aufzubauen, und ihr Ehemann, der Maler, ist nicht der Kompetenteste, um ihr Werk zu beurteilen. Dank der Bestätigung durch einen anerkannten Musiker fühlt sie sich schließlich darin bestärkt, Komponistin zu werden und ihre Werke zu veröffentlichen.

Sie schreibt also an ihren Bruder: »Schande hoffe ich Euch nicht damit zu machen […] Verdruß wirst *Du* hoffentlich auch auf keine Weise dabei haben, da ich, um Dir jeden etwa unangenehmen Moment zu ersparen, wie Du siehst, durchaus selbständig verfahren bin, u. so hoffe ich, wirst Du es mir nicht übel nehmen.«[8] Selbstbewusst komponiert die neue Fanny Hensel 1846 eines ihrer schönsten Stücke, ein Trio für Violine, Violoncello und Klavier. Das Klavier setzt mit einem wellenförmig auf- und absteigenden Thema ein. Der Einsatz von Geige und Violoncello im Unisono erzeugt eine unruhige Atmosphäre zwischen dem hastigen Klang des Klaviers und dem gedehnten, langsamen der Melodie der Saiteninstrumente. Schließlich übernimmt das Klavier die Führung, allein und kraftvoll, als wolle es seine Existenz inmitten des Trios herausschreien, bevor es sich anders besinnt und ein sanftes, melancholisches Thema anstimmt. Hier haben wir ein Werk, in dem die Regungen des Herzens zwischen düsteren Momenten und Lichtblicken mit einer Partitur verschmelzen, verfasst von einer reifen Frau, die sich schließlich ihrer Begabung sicher ist und schreibt: »Wie kann man nur verdienen, zu den so wenigen Glücklichen in der Welt zu gehören!«[9]

In dieser Euphorie wird ihr Trio ein Jahr, nachdem sie es komponiert hat, am 11. April 1847, anlässlich des Geburtstages von Fannys und Felix' jüngerer Schwester Rebecka in Berlin uraufgeführt. Zwei Monate nach diesem Ereignis hört das Herz der Komponistin plötzlich auf zu schlagen. Sie stirbt im Alter von 41 Jahren. Der Ruf dieses Trios gelangt Clara Schumann zu Ohren. Die Pianistin und Komponistin, dem Charme dieser Musik verfallen, hat ihrerseits das Trio, das sie selbst gerade verfasst hat, ihrer Kollegin gewidmet, ohne zu wissen, dass sie ihre Freundin so bald schon verlieren sollte. Clara Schumann ist zu diesem Zeitpunkt 28 Jahre alt, verheiratet und Mutter von vier Kindern.

Während sich der Anfang von Fanny Hensels Trio durch den Gegensatz von Saiteninstrumenten und Klavier wie ein Kampf darum ausnimmt, wer die Melodie übernehmen wird, beginnt das Werk Clara Schumanns wie ein wirklicher Dialog zwischen den Instrumenten; jedes antwortet den anderen, nimmt die Melodie der anderen auf. Man wird von dieser Introduktion sanft hin- und hergeschaukelt, aber das ist nichts im Vergleich zu dem, was uns im dritten Satz erwartet. Die Instrumente setzen der Reihe nach in melancholisch getönten Nuancen ein, erzeugen schließlich extreme Wehmut, ohne dass dadurch Verzweiflung entstünde. Dann folgen Gewitter, die Musik wirbelt alles durcheinander, die Bögen reiben heftiger an den Saiten, die Klaviertasten werden hart angeschlagen, bevor sie wieder zu einer gewissen Ausgeglichenheit zurückfinden. Die Epoche der Romantik spielt mit unseren Nerven. Man wechselt von Tränen der

Hoffnungslosigkeit zur Gier nach dem Leben. Und niemals hat die Musik diese Achterbahn der Gefühle besser ausgedrückt.

Um sie jedoch in eine so brillante Partitur zu übertragen, muss man sie durchlebt haben. In dieser Hinsicht haben die Komponistinnen reichlich Erfahrung gesammelt: Enttäuschungen in der Liebe, fehlende Unterstützung, der verrückte Drang, etwas zu kreieren, ohne die Möglichkeit dazu zu haben, und die mentale Belastung als Mutter und Ehefrau. Clara wurde von ihrem Vater – der vermutlich die umfassende Klavierschule von Hélène de Montgeroult in den Händen hielt – schon sehr früh zur Musik erzogen und wuchs als Wunderkind auf. Friedrich Wieck begleitet seine Tochter auf eine Tournee durch ganz Europa, wo ihr in den größten Sälen zugejubelt wird. Im Gegensatz zu Fanny Hensel wird sie zu einer künstlerischen Karriere gedrängt. Ihr Vater erhofft sich lediglich eines: dass sie eine grandiose Musikerin wird. Als Clara erklärt, sie wolle einen Schüler des Vaters heiraten, ist dieser strikt dagegen. Seine Tochter mag dem Charme Robert Schumanns erlegen sein, aber sie soll nicht diesen Pseudo-Künstler heiraten, der ihr keineswegs das Wasser reichen kann. Bevor dieser Schüler zum romantischen Komponisten par excellence avanciert, ist für Vater Wieck ungewiss, ob er ein guter Ehemann sein kann. Zudem ist er an der Hand verwundet und gibt das Klavierspielen auf, und man kennt, im Gegensatz zu der Clara Wiecks, weder seine Musik noch seinen Namen. Die Pianistin hingegen tritt in allen großen Städten Europas auf, und überall, wo sie hinkommt, wird sie von der Kritik gefeiert.

Friedrich Wieck hat gute Gründe, misstrauisch zu sein (auch wenn er es hätte vermeiden können, vor Gericht die Heirat hinauszuzögern). Kaum verheiratet, konzentriert sich Frau Schumann auf ihr Familienleben. Sie kümmert sich um ihren Ehemann, ihre Kinder, und wenn sie weiterhin Konzerte gibt, dann deshalb, weil sie damit den Haushalt finanziert. Ihre Tätigkeit als Komponistin nimmt drastisch ab, aus Zeitmangel, aber auch, um ihrem Mann alle notwendigen Bedingungen für dessen eigenes Schaffen zu bieten, da er Stille und Ruhe für seine Arbeit braucht. Ein Jahr nach ihrer Hochzeit schreibt sie in ihr Tagebuch: »Mein Clavierspiel kommt wieder ganz hintenan, was immer der Fall ist, wenn Robert componirt. Nicht ein Stündchen im ganzen Tag findet sich für mich! Wenn ich nur nicht gar so sehr zurückkomme! […] Mit dem Componiren will's nun gar nicht gehen – ich mochte [sic!] mich manchmal an meinen dummen Kopf schlagen!«[10] »Ich habe mich schon einige Male an die mir vom Robert aufgezeichneten Gedichte von Rückert gemacht, doch es will gar nicht gehen – ich habe kein Talent zur Composition!«[11]

Diese Worte liest der Ehemann, denn wenn sie Tagebuch führt, dann handelt es sich um ein kleines Heft, das sich das Ehepaar teilt; häufig drückt Clara darin ihre Traurigkeit darüber aus, sich im Leben anderen Dingen widmen zu müssen als der Musik. Die Zweifel, die sie bedrängen, stammen jedoch nicht erst aus der Ehe mit Robert Schumann. Schon 1839 schrieb sie in ihr (in diesem Fall eigenes) Tagebuch: »Ich glaubte einmal das Talent des Schaffens zu besitzen, doch von dieser Idee bin ich zurückgekommen, ein Frauenzimmer muß nicht componiren wollen – es konnte es noch Keine, sollte ich dazu bestimmt sein? Das wäre eine Arroganz, zu der mich blos der Vater einmal in früherer Zeit verleidete [sic] […].«[12]

Clara Schumann ist sich dessen bewusst, dass ihr Platz als Frau nicht der einer Künstlerin ist – eine Ansicht, die ihr Ehemann teilt: »Klara kennt aber selbst ihren Hauptberuf als Mutter, daß ich glaube, sie ist glücklich in den Verhältnissen, wie sie sich nun einmal nicht ändern lassen.«[13] Man begegnet hier der gleichen Auffassung wie in den Worten Felix Mendelssohns über seine Schwester, worin sich die damals im Deutschland des 19. Jahrhunderts herrschenden und Frauen diskriminierenden Sitten widerspiegeln.

Trotz dieser Hindernisse hat Clara Schumann in ganz Europa einen Namen, nicht nur als Pianistin, sondern auch als Komponistin, denn bei ihren Konzerten spielt sie fast immer auch mindestens eines ihrer Werke, und ihre Musik erregt lebhaftes Interesse. Dem Komponisten Louis Spohr zufolge, dem die deutsche Komponistin ihr einziges und brillantes Klavierkonzert gewidmet hat, gehören ihre Stücke zu »den beachtenswertesten Novitäten in der Kunstwelt«.

Robert Schumann seinerseits bewundert die Arbeit seiner Ehefrau durchaus, aber sie darf weder zu viel Zeit noch zu viel Platz in Anspruch nehmen. 1844 unternimmt das Paar eine Tournee nach Russland, wo Clara Schumann mehrere Konzerte gibt. Ihr Mann begleitet sie, um nicht allein zu bleiben. Er empfindet jedoch die Rolle als »Ehemann der Pianistin« als entwürdigend. Das ist vielleicht die Ursache für ernsthaftere Übel: Die Reise wird die ohnehin fragile Gesundheit des Komponisten weiter angreifen. Robert

Schumanns Leben endet in einer psychiatrischen Klinik, in der er mit 46 Jahren stirbt. Clara Schumann setzt ihr Leben als Konzertmusikerin und Lehrerin fort, aber vertieft sich nur noch sehr selten ins Komponieren. Sie übernimmt vielmehr eine neue Rolle, die ihr am Herzen liegt: die Musik ihres verstorbenen Mannes lebendig zu halten. Dank ihres Klavierspiels werden die Werke Robert Schumanns großartig vorgetragen und in ganz Europa zu Gehör gebracht. Clara Schumann verdanken wir auch die Anfänge eines anderen Komponisten und Leitsterns der Romantik: Johannes Brahms. Der junge Musiker schneit eines Tages bei den Schumanns herein – einem in der Künstlerszene bekannten und geachteten Paar – und trägt dort auf dem Klavier seine jüngste Komposition vor. Der Funke zwischen ihm und der Komponistin springt sofort über. Sie stellt ihn allen ihren Bekannten vor, versucht ihn in der Programmplanung zahlreicher Spielstätten durchzusetzen und nimmt die Klavierwerke von Brahms in ihr eigenes Repertoire auf. Über ihre denkbare, aber niemals wirklich erwiesene Liebesbeziehung wurde viel geschrieben, insbesondere nach der Zwangseinweisung Robert Schumanns. Clara Schumann ist keine Ausnahme in der langen Liste von Komponistinnen, die, bevor man ihre Musik rezipierte, wegen ihrer Liebesgeschichten eingehend unter die Lupe genommen wurden.

Das berühmteste Beispiel für den notorischen Zwang, das Leben einer Frau auf ihre Liebschaften zu reduzieren, ist Alma Mahler, die Letzte in unserem Trio. 1879 in Wien geboren, erlebt sie gerade noch das Ende der Romantik, jedoch ist ihr Werdegang dem ihrer beiden Vorgängerinnen so ähnlich, dass er verdient, hier erzählt zu werden. Alma Schindler, so ihr Mädchenname, fasziniert aufgrund ihrer Fähigkeit, den größten Künstlern des ausgehenden 19. und beginnenden 20. Jahrhunderts den Kopf zu verdrehen. Muss man all die Namen jedoch aufzählen? Die lange Liste ihrer Liebhaber als einen Beweis für ihre Existenz und Bedeutung an den Tag zu zerren, setzt die Frau, die sie war, in ihrer Vielschichtigkeit herab: bald ihrer selbst sicher, so dass sie in ihrem Tagebuch ihre Selbstsicherheit und ihre Fähigkeit, andere zu manipulieren, hervorhebt, bald am Boden zerstört, traurig, in ihrem schöpferischen Elan gebrochen. Alma Mahler spielte vor allem – abgesehen davon, dass sie sich für verschiedene künstlerische Strömungen, für Philosophie und Literatur interessierte – göttlich Klavier und komponierte.

Vor ihrem Zusammentreffen mit Gustav Mahler (der ihren künstlerischen Ambitionen ein Ende setzen wird) sah sich die junge Musikerin mit einem ersten Hindernis konfrontiert: nämlich sich selbst. Die Heranwachsende zweifelt an ihren Fähigkeiten; und dann phantasiert sie sich wie Clara Schumann als Pionierin in einer Kunstsparte, aus der die Frauen ausradiert sind. Ihr Traum? Etwas darzustellen, als Genie angesehen zu werden: »Ich möchte eine große That thun. Möchte eine wirklich *gute* Oper komponieren, was bei Frauen wohl noch nie der Fall war. Ja, das möchte ich.«[14] Um dies zu erreichen, umgibt sie sich mit Lehrern, arbeitet hart, wenn auch für ihren Geschmack nicht genug. Und überhaupt: Wie soll man nicht aufgeben, sondern durchhalten, wenn weibliche Vorbilder selten oder, ihr zufolge, besonders enttäuschend sind? Sie hat die Gelegenheit, das *Konzertstück für Klavier und Orchester* von Cécile Chaminade, einer französischen Komponistin, zu hören, und gibt angesichts dessen, was sie vernimmt, ihre Illusionen auf: »[...] sie ist eine Schande des weiblichen Geschlechts. Ich spreche nur von ihr, weil sie *mir* eine bittere Enttäuschung gebracht hat. Ich dachte, man hört wohl selten von einer Componistin, aber eine ist ja doch da, die rettet mich, [...] die ich fast nur dem Namen nach kannte. Nun weiß ich, nach *dem* Concert, ein Weib kann nichts erreichen, nie, nie, nie.«[15] Diese heftige Schmähung (die sie nur ihrem Tagebuch anvertraut) offenbart vielleicht ein Stück Neid, das Werk einer anderen auf der Bühne aufgeführt zu sehen, oder bloß einen ihrer Charakterzüge: Alma Mahler nimmt kein Blatt vor den Mund und hat zu allem eine Meinung – auch zur Musik des Mannes, der ihre große Liebe werden wird, Gustav Mahler; auch ihn kritisiert sie vor allen, die es hören wollen.

Ihr freier Umgang mit Konventionen, Männern und Kunst betört ebenso, wie er Misstrauen schürt. Alma Schindlers Heirat wird sie jedoch in ein enges Korsett zwängen. Vor ihrer Eheschließung schreibt der Komponist seiner Verlobten einen Brief von 24 Seiten, in dem er von ihr verlangt, mit dem Komponieren aufzuhören, um jegliche Rivalität untereinander zu vermeiden, die »lächerlich und später herabziehend«[16] sein würde. Der Brief Gustav Mahlers hat Berühmtheit erlangt, Alma Schindlers Reaktion in ihrem Tagebuch vielleicht weniger. Mit einer gewissen Neigung zum Dramatisieren schreibt sie unverblümt: »Meine Musik hergeben – weggeben – wofür ich bis jetzt gelebt. Mein *erster* Gedanke war – ihm abzuschreiben. […] Aber einen ewigen Stachel wird das zurücklassen …«[17]

Warum gibt diese energische und entschiedene Frau Mahler nach? Aus Liebe. Oder besser gesagt: Aus vollkommener Bewunderung für einen mächtigen und bedeutenden Mann – er war damals Direktor des Wiener Opernhauses –, der sie wieder »auf den rechten Weg« bringen möchte.

Zumindest ihrer Meinung nach … Als sie Alma Mahler wird, nimmt sich die junge Frau vor, das Muster einer Ehefrau zu werden, die ihrem Mann alles gibt, sich aus Liebe zu ihm opfert. Sie widmet von nun an alle ihre Energie demjenigen, den sie liebt, und geht auf alle seine Ansprüche ein, handele es sich nun um die zu festgelegten Uhrzeiten zubereiteten Mahlzeiten oder um die dem Haus auferlegte Stille, wenn er sich konzentrieren muss.

Dieser Verzicht auf ein Leben voller Feste, Flirts, Musik und neue Impulse bereitet Alma Mahler großen Kummer. Sie fühlt sich alleine, vernachlässigt und unnütz. Die Sehnsucht nach jener anderen Lebensweise, die sie mit ihrer Heirat hat unterdrücken wollen, macht sich wieder bemerkbar, es kommt zu ersten Treuebrüchen. Ein Seitensprung mit dem Architekten Walter Gropius bewirkt bei Gustav Mahler eine radikale Verhaltensänderung. Der Komponist ist in jener Zeit bei Sigmund Freud, dem Begründer der Psychoanalyse, in Behandlung. War er es, der Mahler dazu gebracht hat, seiner Frau mit ihren Sehnsüchten zuzuhören? Tatsache ist, dass seine Ehefrau im Jahr 1910 in seinen Augen endlich zu einer aufstrebenden Komponistin wird. Er lässt fünf ihrer Lieder veröffentlichen und ermutigt sie dazu, noch mehr zu verfassen.

Das erste Lied, das den Zyklus einleitet und den Titel »Die stille Stadt« trägt, versetzt uns in den Übergang zwischen der großen Epoche der Romantik und dem moderneren, weniger stimmungsvollen Beginn des 20. Jahrhunderts. In diesem Duo für Frauenstimme und Klavier begegnet man einer Nüchternheit, die sich langsam aller Variationen und Schmuckelemente entledigt, um nichts als den bloßen Text zur Geltung zu bringen. Für dieses Lied verwendet Alma Mahler die Worte des Dichters Richard Dehmel, den sie zu bewundern scheint, denn seine Gedichte tauchen in allen drei Liedzyklen auf, die die Komponistin 1910, 1915 und 1924 verfasst.

»Ich weiß, warum ich niemals in meinem Leben sehr treu war. Ich bin zu vielschichtig, als dass ich meine Seele auf einem einzigen Herz hätte ausruhen können. Mich interessiert alles.« Vielschichtig, begabt, sensibel, intelligent und gebildet. All diese Qualitäten spürt man in ihrer inspirierten, ausgefeilten Musik, die zudem noch freier ist als die ihres Mannes. Die Geschichte hat sich allerdings nur für ihre Liebesgeschichten interessiert und sie manches Mal zu einem »Männer vertilgenden Monster«, einer empörenden, manipulativen Frau ohne Tugend stilisiert oder umgekehrt zu einem schwachen und unterwürfigen Weib. Die Persönlichkeit Alma Mahlers lässt sich nicht in ein paar Adjektiven zusammenfassen, und wenn lange Zeit ihr Leben Gegenstand von Erzählungen, um nicht zu sagen: Märchen war, so ist es höchste Zeit, dass man ihr Werk entdeckt und dies mit ebenso vielen Kommentaren bedenkt wie ihre Liebesgeschichten.

Zwischen den gebrochenen Schicksalen dieser drei Komponistinnen gibt es durchaus Ähnlichkeiten. Dass sie aus der Musikgeschichte ausradiert wurden und wie all jene anderen kreativen Frauen – ob verheiratet oder alleinstehend, produktiv oder weniger inspiriert, an Opern oder Symphonien interessiert – vergessen wurden, ist nicht zu rechtfertigen.

Ach, wäre ich ein Mann …

Mit wem soll ich beginnen … Mit den drei Louisen? Mit Louise Farrenc, einer der wenigen romantischen Komponistinnen, die Symphonien hinterlassen haben, mit Louise Bertin, der Freundin Victor Hugos, für die er sein einziges Opernlibretto verfasst hat, oder mit Louise de La Hye, die fürs Orgelspielen 1827 einen ersten Preis am Konservatorium von Paris erhalten hat? Eine andere äußerst kreative Frau, eine der produktivsten im 19. Jahrhundert, hieß Clémence de Grandval. Man könnte auch die schon früher erwähnte Pauline Viardot wieder aufgreifen, deren Romanzen Juwelen sind, wovon sie selbst nichts ahnte. Man müsste dann auf ihre Tochter zu sprechen kommen, Louise Héritte-Viardot, eine Autodidaktin voller Begabung. Was aber macht man dann mit Marie Jaëll, die als »französischer Schumann« angesehen wurde? Und was mit der widerspenstigen Augusta Holmès, der Kämpfernatur, die resolut eine Oper in

Angriff nahm, im 19. Jahrhundert die Musikgattung schlechthin? Aber dann stünde vielleicht Cécile Chaminade zu sehr im Schatten, die eine internationale Karriere erlebte, oder Mel Bonis, die in den Augen ihres Lehrers für Komposition seine beste Schülerin war – auf gleicher Stufe wie ein gewisser Claude Debussy. Das wiederum hieße Rita Strohl zu vergessen, die für den Wettbewerb am Konservatorium von Paris keine ihren Anforderungen entsprechenden Werke fand und lieber ihre eigenen Kompositionen darbot. Da ist auch noch die Harfenistin Henriette Renié, die für ihr Instrument Orchesterstücke schrieb. Und warum nicht mit Armande de Polignac beginnen, die ihr Leben der Musik gewidmet und Tag und Nacht an ihren Werken gearbeitet hat?

Auswählen bedeutet verzichten. Wie also von der Menge französischer Komponistinnen in der Romantik sprechen? Trotz des schwierigen Zugangs zum musikalischen Kunstschaffen und der begrenzten Auswahl von Instrumenten erlebte Frankreich ein erstaunliches Phänomen: Das Komponieren wurde für zahlreiche Frauen zum Tätigkeitsfeld. Das erklärt sich zum Teil mit der Attraktivität des Konservatoriums, einer kostenlosen Lehrinstitution, die die Pforten zur Musik auch für nicht-aristokratische Bevölkerungsschichten öffnete und damit für jene Frauen, die sich eine öffentliche Karriere zutrauten und weniger ängstlich darauf bedacht waren, den gutbürgerlichen Sitten zu folgen. Man muss auch erwähnen, dass bestimmte Männer die weibliche Kreativität förderten, nicht alle verhielten sich wie Felix Mendelssohn oder Robert Schumann. Ob sie nun Ehemänner, Lehrer, Komponisten, Verleger oder Orchesterleiter waren, so mancher hat sich für die Frauen eingesetzt. Vor allem aber verdanken wir diesen regen Aufschwung den Frauen selbst. Entschlossen, begabt und leidenschaftlich wollten diese Musikerinnen an der sich wandelnden Musikwelt teilhaben.

In Frankreich ist gerade Napoleon I. gestorben, das Land kehrt temporär zur Monarchie zurück, und Armand Emmanuel du Plessis, Duc de Richelieu, wird Regierungschef. Auch die Musik erfährt tiefgreifende Veränderungen. Jene 1820er Jahre decken sich mit dem Beginn der romantischen Epoche, die sich über das ganze Jahrhundert hinweg erstrecken wird. Die Künstler sind von jeglicher königlichen Fürsprache befreit und komponieren nicht mehr in Abhängigkeit von einem Aristokraten bzw. einer Aristokratin. Werke erhalten von nun an durch Öffentlichkeit und Kritik ihre Existenzberechtigung, auch wenn die Künstler mitunter von Mäzenen unterstützt werden. In diesem Umfeld tauchen Komponistinnen auf und versuchen sich durchzusetzen – geschenkt wird ihnen nichts. Bestenfalls wird ihre Begabung mit ihrem ›männlichen‹ Stil gerechtfertigt, einer Begabung, die ›eines Mannes würdig‹ wäre, oder schlimmstenfalls werden sie verachtet und sogar aus der Musikwelt ausgeschlossen. Um diesen Schwierigkeiten zu begegnen, wählt die Mehrheit der Komponistinnen eher die »Anpassung an die Verhältnisse, die die Gesellschaft ihnen aufzwingt, als die direkte Konfrontation«, wie die Forscherin Florence Launay in ihrem Buch *Les Compositrices en France au XIX*^e^ *siècle* (›Komponistinnen im Frankreich des 19. Jahrhunderts‹) darlegt, einer wahren Bibel, will man weibliche Kreativität entdecken.

Einige werden sich gleichwohl Gefechte liefern, um mit Männern als gleichwertig angesehen zu werden: Louise Farrenc etwa, Professorin für Klavier am Konservatorium von Paris, wird viele Briefe schreiben, damit ihr Gehalt dem der männlichen Kollegen angeglichen werden kann. Aber die meisten Künstlerinnen pflegen lieber gute Beziehungen zu den richtigen Personen und komponieren Musik, die dem Publikum gefällt, ohne aus ihrer Frauenrolle zu fallen. Man stößt dabei nur auf wenige religiöse Werke, denn die Kirchen bleiben weiterhin Orte, an denen Männer dominieren; die sehr religiöse Mel Bonis und Clémence de Grandval stellen diesbezüglich Ausnahmen dar. Letztere schuf eine Messe und ein *Stabat Mater* – zwei vor kurzem aufgeführte Werke, das erste wurde 2019 vom Chor Accentus gesungen, das zweite 2017 von der Compagnie de l'Oiseleur; von beiden Darbietungen existiert keine Aufnahme.

Verwehrt sind Frauen nun auch die Opern, das Genre der Romantik schlechthin, beispielhaft gestaltet in Giuseppe Verdis *La Traviata* oder Léo Delibes' *Lakmé*. Die für dramatische Musikwerke zuständige Oper von Paris (die Opéra-Comique bleibt weiterhin davon getrennt) führt nahezu kein einziges Stück mehr auf, das von einer Frau komponiert wurde. Aber es gibt immer eine Ausnahme. Augusta Holmès schreibt und komponiert gegen Ende des 19. Jahrhunderts *La Montagne noire*, ein Musikdrama in vier Akten, das 1895 zum ersten Mal an der Oper von Paris gezeigt wird. Der Misserfolg ist bitter. Die Akzeptanz beim Publikum ist gar nicht so schlecht, wie die ständigen Einnahmen von 13 Darbietungen zeigen; aber die Kritik verreißt diesen ersten Versuch grausam. Nach dieser Erfahrung wird sich Augusta Holmès niemals mehr an dieser Musikgattung die Finger verbrennen.

Eine andere große Lücke im Repertoire der Frauen klafft beim Streichquartett, denn diese Instrumente sind ihnen nur selten zugänglich. Außerdem liegt der Schatten Beethovens über der Gattung, was weniger selbstbewusste Personen einschüchtert. Das ist allerdings bei Louise Héritte-Viardot nicht der Fall. Schon als Kind sehr zielbewusst, bringt sie sich selbst Altgriechisch bei, um die großen Literaturklassiker lesen zu können. Nachdem ihre Mutter, die Sängerin Pauline Viardot, ihr einige Musiklehrer vermittelt hatte, die alle nicht lange durchhielten, bevorzugt die junge Louise ihre eigenen anspruchsvollen, mitunter sogar qualvollen Lernmethoden. Eine davon besteht darin, den Fuß an einer Gitterstange des Bettes einzuhaken, um bei der geringsten Bewegung aufzuwachen und weiter an ihren Partituren zu arbeiten.

Nach einer einsamen Kindheit verspürt sie das »heftige Verlangen zu komponieren« und stürzt sich mit Leib und Seele, ohne Unterstützung ihrer Familie, in das Leben einer Komponistin. Sie wird mit der Misogynie der Epoche konfrontiert, vor allem bei einem von der Stadt Paris ausgelobten Preis, für den sie sich anonym beworben hat. Die Jury findet ihre Identität heraus und lehnt es ab, das Werk einer Frau auszuzeichnen. Die Ungerechtigkeit scheint sie jedoch eher anzuspornen als niederzuschmettern. Sie komponiert mehr als 300 Werke, eine beeindruckende Liste, die Bewunderung erheischt, wenn man den Worten des Komponisten Camille Saint-Saëns über sie Glauben schenken möchte: »Wäre Louise ein Mann gewesen, hätte ihr Genie eine wahrhafte Revolution in der Musik verursacht.« Von diesem Werkverzeichnis sind unglücklicherweise lediglich eine Opéra-comique (*Lindoro*), eine Kantate, einige Lieder und drei Streichquartette mit Klavier übriggeblieben.

Hört man sie sich an, so nimmt man einen verheißungsvollen, brillanten Geist wahr, der einen dazu antreibt, nach anderen hier und da versteckten Partituren zu suchen. In zweien ihrer Streichquartette mit Klavier lässt sie sich von Nachbarländern inspirieren. In dem in A-Dur mit dem Titel *Im Sommer* begegnet man deutschem Stil, einem Schumann'schen Einfluss, den man an den Überschriften zu allen vier Sätzen ablesen kann. In dieser als Programmmusik bezeichneten Kunstform kündigt die Komponistin bzw. der Komponist im Titel an, was die Musik ausdrücken soll. Das bekannteste Beispiel hierfür ist Beethovens *Mondscheinsonate*, ein Klavierwerk, das ursprünglich den Titel *Sonata quasi una Fantasia per il Clavicembalo o Piano-Forte* trug. Tatsächlich erhielt das Stück erst, nachdem es berühmt geworden war, fünf Jahre nach dem Tod des Komponisten den Beinamen *Mondscheinsonate*. Man könnte auch Hector Berlioz' *Symphonie fantastique* (›Episoden aus dem Leben eines Künstlers in fünf Teilen‹), Paul Dukas' *L'Apprenti sorcier* (*Der Zauberlehrling*), Camille Saint-Saëns' *Danse macabre* oder Modeste Mussorgskis *Eine Nacht auf dem kahlen Berge* als Beispiele heranziehen, deren Titel auf Anhieb die Bilder evozieren, die die Musik veranschaulicht.

Bei Héritte-Viardot befindet man sich zu Beginn ihres Quartetts *Im Sommer* in einem Wald, der erwacht. Der Klang der Saiten und des Klaviers versetzt uns in eine friedliche und zugleich lebendige Stimmung. Im zweiten Satz, »Mouches et papillons« (›Fliegen und Schmetterlinge‹), hören wir es flattern und hüpfen, die Tasten in den hohen Lagen des Klaviers antworten auf das Pizzicato der Saiten (die mit den Fingern gezupft statt mit einem Bogen gestrichen werden) und laden uns zu einer Art beschwingtem und lebhaftem Tanz ein. Im dritten Satz, »La touffeur« (›Die Schwüle‹), wird die drückende und heiße Atmosphäre durch ein sehr viel langsameres, nahezu bleiernes Tempo in Musik übertragen, allerdings gepaart mit einer sanften, stimmungsvollen Melodie. Das Stück endet mit einem vierten Satz, der uns einen Dorftanz am Abend unter der Eiche vor Augen führt. Die Komponistin greift Themen von Volkstänzen auf und verfeinert sie – was bei den Romantikern sehr häufig vorkommt, die im Laufe ihrer Reisen durch ganz Europa gerne Anregungen aus den unterschiedlichen Folkloren aufnahmen. Das zweite Streichquartett von Louise Héritte-Viardot orientiert sich übrigens an Spanien, und man hört in der Musik landestypische Rhythmen und Melodien.

Die letzte Musikgattung, in der die Komponistinnen mit Abwesenheit glänzen müssen, ist jene, mit der die Orchester seit einem Jahrhundert brillieren: die Symphonie. Dass ein solches Orchesterwerk mit mehreren Sätzen nicht häufig von Komponistinnen in Angriff genommen wurde, liegt auf der Hand: Sie mussten nicht nur ein paar Interpreten zur Aufführung ihrer Musik überreden, sondern ein ganzes Orchester; das wiederum wird von einem Mann dirigiert, der seine eigene künstlerische Vision und zunehmend mehr Macht hat. In dieser Zeit kristallisiert sich langsam die eigenständige Funktion des Dirigenten heraus. Die Reihen der Orchester wachsen und erreichen am Ende des 19. Jahrhunderts eine beachtliche Größe. Aber alle Instrumentalisten müssen der Musik folgen können. Es bedarf also einer Person, die höher steht und deren Taktstock von allen Notenständern aus sichtbar ist. Parallel dazu erheben sich Stimmen wie die von Hector Berlioz oder Hans von Bülow, die die Bedeutung der Kohärenz in der räumlichen Anordnung des Orchesters und die einer guten Leitung herausstreichen. Zuvor fungierten noch häufig Komponisten als Dirigenten, doch gegen Ende des Jahrhunderts entstand der eigenständige Beruf des Orchesterleiters. Man brauchte entsprechend Rückendeckung, damit die eigene Orchestermusik aufgeführt wurde. Bedeutende Dirigenten wie Édouard Colonne, Charles Lamoureux oder Jules Pasdeloup – drei Gründer von Pariser Orchestern, die es heute noch gibt – halfen Komponistinnen wie Clémence de Grandval, Marie Jaëll, Augusta Holmès, Armande de Polignac oder Rita Strohl, indem sie deren Orchesterstücke spielen ließen.

Louise Farrenc unterschied sich von den anderen, indem sie drei Symphonien komponierte, die damals sehr gut ankamen. Die Kritiker sagten der jungen Komponistin sogar eine große Zukunft voraus: »Wir [die Zeitschrift *La Belgique musicale*] kommen, nachdem wir die Symphonie von Madame Farrenc gehört haben, zu dem Schluss, dass es einer Frau – als Ausnahme davon, was man bis heute erlebt hat – gegeben sein kann, erfolgreich den dornigen und gewichtigen Weg eines Haydn, Mozart und Beethoven zu gehen […].« Man beginnt heutzutage in Frankreich erneut ihre Werke zu hören – dank des philharmonischen Orchesters von Radio France, das unter der Leitung von Mikko Franck 2018 ihre *Troisième symphonie* spielte, aber auch dank des Insula Orchestra, das unter der Leitung der Dirigentin Laurence Equilbey ihre 1. und ihre 3. Symphonie aufführte. Diese Werke, in der ersten Hälfte des 19. Jahrhunderts komponiert, zeugen von einer sehr klassischen Inspiration. Bei der Erstaufführung der *Deuxième symphonie* am Konservatorium von Paris folgte dem Stück das Klavierkonzert in d-Moll von Mozart, um eine Art Echo zwischen den beiden Stücken zu erzeugen.

Auch wenn man in den letzten Jahren die Musik von Louise Farrenc, von namhaften Orchestern gespielt, hat hören können, haben es doch all die anderen von Komponistinnen verfassten Orchesterwerke schwer, sich einen Platz in der Konzertprogrammplanung zu erkämpfen. Die Symphonien sind jedoch nicht die einzigen für ein Orchester bestimmten Werke. Man macht es sich zu einfach, die vollständig männliche Programmplanung mit dem Mangel an von Frauen geschaffenen Symphonien zu begründen; man muss vielleicht ein wenig herumstöbern und sich beispielsweise mit den symphonischen Gedichten von Augusta Holmès befassen oder die kurzen, aber prächtigen *Trois femmes de légende* von Mel Bonis aufführen. Letztere hieß in Wirklichkeit Mélanie Bonis, verwendete aber einen neutralen Vornamen, um in der Musikwelt Fuß zu fassen – eine nicht nur von ihr angewandte Strategie: Viele Künstlerinnen unterzeichneten ihre Werke ohne ihren Vornamen. Mel Bonis komponierte dieses Triptychon über die legendären Figuren Salomé, Ophelia und Kleopatra. Kann man daran ein feministisches Engagement ablesen? In ihren *Souvenirs et réflexions* (›Erinnerungen und Reflexionen‹), einer Art Tagebuch, in dem sich Texte über ihr Privatleben mit solchen über Musik oder Kunst im Allgemeinen mischen, schreibt sie in mehreren Passagen mit einer gewissen Vehemenz gegen die Diktate an, denen Frauen ihrer Epoche unterworfen sind. Davon zeugt ihr rebellischer Text gegen das Tragen eines Korsetts vom April 1926:

> Nein, aber können Sie sich überhaupt vorstellen, was das in meiner Jugend bedeutete ... das Korsett!! Die Taille!!! Die schlanke Taille!!! Die Taille, was ist das überhaupt? Und wo platziert man dieses Ding? [...] Ich kannte dicke Frauen, die sich ihr Korsett so eng um die Taille geschnürt haben (denn eine Taille gab es), dass sie voller Hautabschürfungen und Schorf waren. Finden Sie das verlockend? Und die Folgen? Verschiebung, Absacken der Organe, schreckliche Angst vor der Mutterschaft bis hin zur kriminellen Einengung des Bauches, auf die Gefahr hin, der Entwicklung des künftigen kleinen Kindes zu schaden. Ein Elend! Und man hielt sich für zivilisiert!

Dieser freimütige Ton deutet auch auf die soziale Herkunft hin: Mel Bonis stammt nicht aus aristokratischem Milieu wie etliche ihrer Kolleginnen. Die Familie (die dem Kleinbürgertum angehörte) besaß ein

Klavier; allerdings diente das Instrument als Zeichen für einen gewissen Reichtum und war nicht dafür gedacht, es spielen zu lernen. Sie arbeitete sich allein in die Musik ein, bis Freunde der Familie auf sie aufmerksam wurden und ihre eher skeptischen Eltern dazu überredeten, sie Unterricht nehmen zu lassen. Mit 18 Jahren wurde sie am Konservatorium von Paris in die (nach Geschlechtern getrennten) Klassen für Harmonielehre und Begleitung aufgenommen. Dank ihrer exzellenten Fortschritte kam sie in die Kompositionsklasse, wo sie bei ihrem Lehrer Ernest Guiraud glänzte; dieser bewunderte sie genauso wie die Arbeit seines anderen Schülers: Claude Debussy. Mel Bonis verliebte sich in einen Künstler und musste aufgrund des Drucks ihrer Eltern das Konservatorium verlassen; dieses Milieu sei für ein junges Mädchen unpassend – zu frei, zu schamlos.

Um ihre Autorität zu festigen, verheirateten sie die Tochter mit Albert Domange, einem reichen, 22 Jahre älteren Industriellen, der bereits zweifacher Witwer und Vater von fünf Kindern war. Ein Traum. Dieser neue Ehemann verbot Mel Bonis nicht zu komponieren, sie sollte aber ihr Pseudonym beibehalten. 1899, während sie eine außereheliche Leidenschaft mit ihrer ersten Liebe durchlebte, gebar sie heimlich ein Mädchen, Madeleine. Im selben Jahr, vielleicht aufgrund der Ratschläge ihres Liebhabers, schrieb sie sich als »Komponist« in der SACEM (Société des auteurs, compositeurs et éditeurs de musique) ein – ein Beweis dafür, dass Musik für sie nicht einfach nur ein Amüsement war. Komponieren war sogar, ihren Worten zufolge, »eine Agonie der Sehnsucht nach Glück, eine Anspannung (meines?) [*sic*] ganzen empfindsamen, warmherzigen Wesens auf etwas hin, das uns anlächelt und sich zugleich entzieht.«

Da sie sehr fromm war, stellte sie die Religion über alles und hielt einen atheistischen Künstler für »abscheulich«. »Dass die Kunst wahrhaft göttlich ist, zeigt sich darin, dass die schönsten Werke in allen Gattungen von einer religiösen Idee inspiriert wurden. Ich glaube nicht, dass man das abstreiten kann.« Es ist demnach wenig erstaunlich, dass man in ihrem umfangreichen Werkverzeichnis etwa 20 polyphone Werke religiöser Natur findet und gut 30 Stücke für die Orgel, ein Instrument, das sie bewunderte und auch spielte. Ihre Wiederentdeckung verdankt sich ihrer Familie – in erster Linie ihrer Tochter Jeanne Brochot, die 1974 ihre *Souvenirs et reflexions* veröffentlichte, und später ihrer Urenkelin Christine Géliot, die einen sehr aktiven Verein zum Andenken an ihre Urgroßmutter ins Leben rief. Ein Erbe, das weitergereicht wird über Generationen … von Frauen.

Wie die Frauen in der Oper sterben

Der Stier stürzt unter dem Jubel der Menge zu Boden. Außerhalb der Arena bricht zwischen einem Mann und einer Frau ein heftiger Streit aus. Der Ton wird lauter, der Mann bedroht die Frau mit einem Messer, wenn sie ihm nicht folgt. Die Frau antwortet stolz: »Es weichet Carmen keinem Gebot! / Frei will ich sein, ja frei, selbst noch im Tod.«[18] Sie wendet sich zu ihm um und tötet Don José. Nein, Entschuldigung, das ist nicht die richtige Version. Aber es gab große Debatten, als der italienische Regisseur Leo Muscato 2018 sich dazu entschloss, das berühmte Ende von George Bizets Oper zu modifizieren, nur wenige Monate, nachdem die #MeToo-Bewegung aufgekommen war. Sein Argument: »Man kann der Ermordung einer Frau nicht applaudieren.« Wenn alle Operninszenierungen diesem Credo folgen würden, gäbe es nicht mehr viele werkgetreue Produktionen auf der Bühne zu sehen. Denn in der Oper sterben die Frauen. Ihnen wird Gewalt angetan, sie werden angegriffen, geschändet, in den Selbstmord getrieben, umgebracht.

Nicht alle, werden Sie (vielleicht) einwenden, aber die große Mehrheit der weiblichen Rollen in den Opern der Romantik gibt ein wenig ruhmreiches Bild ab oder vielmehr vermittelt sie ein Bild vom »Scheitern«, wie die Philosophin Catherine Clément in ihrem Buch *Die Frau in der Oper. Besiegt, verraten und verkauft* unterstreicht.[19] Indem die Autorin zahlreiche Libretti analysiert, entschlüsselt sie Opernhandlungen und weist nach, wie sehr die weiblichen Figuren einem übermächtigen und gewalttätigen männlichen Blick entsprechen. Dieser Gedanke kritisiert die Vorstellung, die Oper erhöhe die Frauen bzw. huldige ihnen. Sicher, sie sind darin sehr präsent – die heute weltweit am meisten gespielten Opern bringen Heroinen auf die Bühne, deren Name zumeist im Titel des Werkes steht –, aber ihr Schicksal ist tragisch. In *Tosca*, *Norma*, *Carmen*, *La Traviata*, *Madame Butterfly*, *Aida*, *Lucia di Lammermoor* usw. sterben die Frauen allesamt. Nicht auf die gleiche Weise, nicht aus denselben Gründen, aber das Stück endet stets mit einer letzten Klage, einem letzten Aufschrei, einem letzten Stöhnen, bevor der Vorhang über den Leichnam einer auf dem Boden ausgestreckten Frau fällt.

Natürlich entkommen auch nicht alle Männer dem Tod. Allein in den oben angeführten Opern gibt es mehrere männliche Opfer, von denen eines, Arturo, von seiner (zur Ehe gezwungenen) Braut getötet wird. Diese Szene aus *Lucia di Lammermoor* von dem Italiener Gaetano Donizetti, in der die Heldin den Kopf verliert (dieses Mal im übertragenen Sinne), trägt den Titel *Il dolce suono* (›Der süße Klang‹) oder »Wahnsinnsszene«. Die große Mehrheit der Inszenierungen zeigt eine blutüberströmte Frau im Hochzeitsgewand, die innerhalb von gut zehn Minuten ihre Hoffnungen, ihre Halluzinationen und ihre Enttäuschung in einer erhabenen, herzzerreißenden Klage besingt. Diese berühmte Melodie wurde nicht zuletzt in dem Film *Das fünfte Element* aufgegriffen, gesungen von einer extraterrestrischen Sängerin namens Diva Plavalaguna – die anschließend vor dem Hintergrund einer rhythmisierten Musik zu extravaganten Koloraturen ansetzte, was rein gar nichts mehr mit Donizettis Oper zu tun hat. Obwohl … Als er diese Szene komponierte, schrieb Donizetti sie für Orchester und Glasharmonika, ein Instrument, das 1761 von dem Erfinder (und späteren Gründungsvater der Vereinigten Staaten) Benjamin Franklin entwickelt wurde. Das Objekt besteht aus mehreren Kristallschalen, über die man zart mit den Händen streicht, um einen kristallinen, geheimnisvollen Klang zu erzeugen; ein Jahrhundert zuvor glaubte man, damit Nervenleiden hervorrufen zu können.[20] Wenn wir schon von der Glasharmonika sprechen, möchte ich daran erinnern, dass ihre erste Interpretin eine Frau war, Mary Ann Davies, die in einem 2021 erschienenen Buch (*L'Harmonica de verre et Miss Davies*) von der Historikerin Mélanie Traversier geehrt wird. Bei der Uraufführung seiner Oper entschied sich Donizetti jedoch für die Querflöte, aber heute geschieht es nicht selten, dass bestimmte Orchester bei der Szene, die Lucias Wahn schildert, auf den Klang der Kristallschalen zurückgreifen.

Nachdem sie ihre Arie gesungen hat, stirbt die Heldin auf der Bühne, um im Himmel jenen wiederzutreffen, den sie geliebt hat (und nicht heiraten durfte) – ein Drama, bei dem sich die Erinnerung an die Handlung von *Romeo und Julia* aufdrängt. Im 19. Jahrhundert kann wahre, absolute Liebe nur unter Schmerzen oder im Tod (bzw.

im Paradies) erlebt werden. Man befindet sich in einer »Art von Utopie«, um die Worte von Alain Vaillant (*Qu'est-ce que le romantisme?*) aufzunehmen. Die Oper der Romantik basiert häufig auf Romanen (Lucia di Lammermoor ist die Heroine aus Walter Scotts *Die Braut von Lammermoor*), die ihrerseits aussichtslose und tragische Liebesgeschichten erzählen. Doch bei manchen weiblichen Figuren spielt noch etwas anderes eine Rolle. Nach Ansicht des Musikwissenschaftlers Timothée Picard bedient »die Frau als Opfer, den Psychoanalytikern zufolge, eine charakteristische Phantasie des Opernliebhabers: den ambivalenten Wunsch, die Diva (die Mutter) auf ein Podest zu heben und sie zu beschmutzen«. Eine Frau (und von Zeit zu Zeit auch ein Mann) kann nicht lieben, ohne daran zu leiden oder sogar zu sterben.

Mit all diesen Todesfällen in der Oper scheint eine Bestrafung verbunden. Carmen beispielsweise ist eine freie junge Frau, die sich wie ein Mann verhält, die verführt, begehrt, erwählt oder zurückweist. »Liebst Du mich nicht, bin ich entflammet / und wenn ich lieb', nimm Dich in Acht!«[21] Diese Figur ist unangepasst und schockiert, zumal das Stück unter dem Genre-Namen Opéra-comique gegeben wird, bei der man sich zum familiären Stelldichein trifft, wo sich die heiratsfähigen jungen Mädchen nur so drängen. In der Zeitschrift *Le Siècle* bringt ein Journalist die Situation mit folgenden geharnischten Worten auf den Punkt: »Das ist eine vollkommen tollwütige Carmen. Man müsste sie knebeln und ihren zügellosen Hüftschwüngen ein Ende setzen, indem man sie in eine Zwangsjacke steckt, nachdem man sie abgekühlt hat – mittels einer Kanne Wasser, die ihr über den Kopf geschüttet wurde.« Vielleicht war dieser Kritiker nicht bis zum Ende der Aufführung zugegen, denn sein Wunsch geht ja in Erfüllung: Carmen wird getötet – ein Mord, der für das Publikum die Moral wiederherstellt: Freilich, Sie haben eine schamlose, schockierende Figur gesehen, aber am Ende kommt sie damit nicht durch.

Eine andere unabhängige Frau erhält dieselbe Strafe: *La Traviata*. Verdis Oper, die auf Alexandre Dumas' Roman *Die Kameliendame* basiert, bringt die Kurtisane Violetta Valéry auf die Bühne, die sich entschieden hat, nur *einen* Mann zu lieben – was ihrem Beruf, der von vornherein gegen die guten Sitten verstößt, zuwiderläuft. Am Ende des Werks, in dem erschütternden *Addio del passato* (›Adieu der Vergangenheit‹), begegnet Violetta für einige Augenblicke ihrem Geliebten wieder und stirbt unmittelbar danach an Tuberkulose. Der Tod fungiert als doppelte Bestrafung: für die freie Entscheidung, die eigene soziale Stellung verlassen zu wollen, und dafür, dass die Frau schon zahlreiche Abenteuer hatte. Ihr Ruf ist schlecht, ihre Freiheit gefährlich: Violetta muss sterben.

Wenn die Frauen weder getötet werden noch an Wahnsinn oder einer Krankheit sterben, so bietet sich ihnen als Alternative noch der Freitod – ebenfalls ein häufiger Bestandteil von Opern. Zu den berühmtesten zählen zwei von Puccini: *Tosca* und *Madame Butterfly*. Die erste Heroine Floria Tosca ist eine Sängerin, die, um ihren Geliebten zu retten, die sexuelle Erpressung durch einen Polizeichef in Kauf nimmt. Sie singt in der entsprechenden Szene *Vissi d'arte* (*Ich lebte für die Kunst*) eine Arie, die vor allem durch die unvergessliche Interpretation von Maria Callas berühmt wurde, die mit all ihrer Brillanz, die Hände zum Gebet erhoben, singt: »Ich lebte für die Kunst, ich lebte für die Musik.« Und wider alle Erwartung tötet Tosca den Polizisten. Puccini bringt also eine Mörderin auf die Bühne, vor allem aber eine Frau, die ihre Einschüchterung nicht hinnimmt, sondern zur äußersten Form der Rache greift. Die Strafe lässt nicht lange auf sich warten: Sie wird in der Folge die Ermordung ihres Geliebten miterleben und sich danach voller Trauer und Wut in den Tiber stürzen.

Der andere berühmte Selbstmord in der Oper der Romantik vollzieht sich in Japan. In *Madame Butterfly* begegnet ein junger amerikanischer Offizier einer Geisha von 15 Jahren und heiratet sie. Es läuft also von Anfang an einiges schief – aber sehen wir weiter. Der Offizier verlässt schließlich die japanische Insel und damit seine Frau und kehrt in sein Heimatland zurück. Drei Jahre lang wartet sie auf ihn, folgsam und treu. Sie vermisst ihn, lehnt Heiratsanträge ab und wartet weiter auf ihn. Dieses Warten ist Anlass für eine der schönsten Opernarien, *Un bel dí vedremo* (*Eines schönen Tages werden wir uns sehen*), deren Worte zwar Hoffnung ausdrücken, deren Musik aber mit den hohen, beinahe herausgeschrienen Tönen die Sorge und die Verzweiflung der Madame Butterfly verrät. Als der Mann schließlich zurückkehrt, ist er nicht alleine: An seiner Seite hat er eine neue Ehefrau, eine Amerikanerin. Cio-Cio-San (was auf Japanisch »Madame Schmetterling« bedeutet) möchte ihm ihren Sohn zeigen, den sie seit drei Jahren großzieht, muss dann aber begreifen, dass sie für den Soldaten nichts weiter als eine exotische Episode war. Bevor sie ihr Kind dem amerikanischen Paar überlässt, durchtrennt sie sich mit einem Dolch die Kehle – eine rituelle Form des Suizids in Japan, genannt *jigai*.

Natürlich existieren zahlreiche andere Opernfiguren, Männer wie Frauen, die in den Selbstmord getrieben werden. Aber wenn wir weiter aus unserer Opernliste diejenigen herauspicken, die den Namen der Heroine im Titel tragen, dürfen wir keinesfalls Aida übergehen, jene Sklavin, die sich als die Tochter des Königs von Äthiopien erweist. Am Ende begibt sich Aida heimlich zu ihrem Geliebten, der dazu verurteilt ist, in einer Krypta eingemauert zu sterben. Indem sie sich dafür entscheidet, ihn aufzusuchen, unterschreibt sie ihr eigenes Todesurteil. Wieder ein Tod aus Liebe, das Symbol schlechthin in der Romantik, in der die Liebe mehr Gewicht hat als alles andere: mehr als Familie, Macht, Auseinandersetzungen und Freundschaft.

Nicht alle Frauengestalten der Oper »scheitern«. Im Barock trifft man beispielsweise auf bedeutende weibliche Figuren wie Ariane (*Ariane et Bacchus* von Marin Marais), Klytaimnestra oder Iphigenie (*Iphigénie en Aulide / Iphigenie in Aulis* und *Iphigénie en Tauride / Iphigenie auf Tauris* von Christoph Willibald Gluck), aber auch auf Eurydike, Dido, Penelope, Daphne, Helena, Phaidra, Kleopatra, Poppea … Manchen wurde später eine romantische Neuerzählung zuteil (Richard Strauss sei gedankt); doch die präsenteste der mächtigen Frauen heißt Medea.

Diese mythologische Figur steht im Zentrum der Oper gleichen Namens von Luigi Cherubini. Die mörderische Zauberin (sie bringt einen König, ihren Bruder und ihre beiden Kinder um) triumphiert und entgeht am Ende dem üblichen Tod. Als Sagengestalt inspirierte sie Opern, Kantaten, tragische Singspiele, Ballette oder Orchestersuiten. Ist Medea also, trotz ihrer Grausamkeit, eine Muse? Seneca beschreibt sie als Verbindung zwischen der »Perversität der Frau« und der »Stärke eines Mannes«; immerhin stellt ihre Geschichte unter Beweis, dass eine Frau die Rolle der ewig passiv Liebenden oder der dem Begehren und der Macht des Mannes Unterworfenen ablegt.

Medea ist ein Glücksfall, um das Repertoire zu bereichern, und ein perfektes Beispiel dafür, dass es an der Oper für die Frauen nicht nur das Scheitern gibt. Die Behauptung jedoch, bestimmte Opern seien feministisch, oder die Rechtfertigung einer vollkommen männlichen

Programmgestaltung, weil »die Frauen« in der Oper ja geehrt würden, lässt sich nicht halten: Carmen, Violetta, Pamina, Aida und die anderen zeigen vor allem, dass Frauen selten in ihrer Komplexität, ihrer Unabhängigkeit, ihrem Können, also selten jenseits von Geschlechterstereotypen dargestellt werden. Für die Opern der Romantik ist es ein wenig zu spät (sie sind schon geschrieben und werden bewundert), aber manchmal genügt eine Neuinszenierung wie jene der *Carmen* von Leo Muscato, um einen anderen Blick auf die Figuren und die Handlung zu werfen. Auch haben manche Komponisten versucht, das Thema der Ungleichheit zwischen Männern und Frauen frontal anzugehen. Francis Poulenc schuf 1947 *Les Mamelles de Tirésias* (›Die Brüste des Tiresias‹), die Adaption eines Stückes von Guillaume Apollinaire. In dieser Oper wechselt Thérèse ihr Geschlecht und wird zu Tirésias.[22] Sie lässt ihr langweiliges Dasein als Hausfrau hinter sich, um die Welt zu erobern, während ihr Mann zu Hause festsitzt. Tirésias preist die Vorteile, keine Kinder gebären zu müssen und frei zu sein, und erschreckt damit ihren Mann, der befürchtet, dass alle Frauen ihrem Beispiel folgen könnten. Der Ehemann findet daraufhin Mittel, Kinder ohne Frauen zu zeugen, und setzt an einem Tag 4049 Kinder in die Welt. Nach zahlreichen Wendungen findet Tirésias (der zwischenzeitlich Kartenleger geworden ist) schließlich zum weiblichen Geschlecht und zu Heim und Herd zurück. Das Werk endet mit folgender Passage:

> Hört her, Franzosen, die Lektion des Krieges
> Macht Kinder, ihr, die ihr bis jetzt kaum welche gemacht habt
> Geschätztes Publikum: Macht Kinder!

Wenn dieses Werk als feministisch gepriesen wird, dann vor allem wegen seines Anfangs, an dem Thérèse die Vorteile, ein Mann zu sein, rühmt. Was den Rest anbetrifft, kann man sich seinen Enthusiasmus sparen, denn im Kontext der Nachkriegszeit scheint man sich unter der Emanzipation der Frauen nichts anderes vorstellen zu können, als Kinder zu bekommen.

Kann eine Oper feministisch sein? Ja, aber nur, wenn man dem Publikum eine neue Lesart dieser Libretti, dieser Arien und dieser Figuren vorschlägt. Es ist sinnlos, in Demagogie oder Verniedlichung nach dem Vorbild von Disney-Filmen zu verfallen (nein, die kleine Meerjungfrau bekommt am Ende von Andersens Märchen nicht den schönen Prinzen). Manchmal kann ein subtiles Detail in einer Inszenierung schon alles verändern; zudem müssen die verantwortlichen Personen hinreichend engagiert sein, um nicht eine zu »wortwörtliche« Werkinterpretation anzubieten. Wenn sich die Opernhäuser dieser Herausforderung stellen und zudem mehr zeitgenössische Werke gespielt werden, kann die Oper eines Tages vielleicht voll und ganz im 21. Jahrhundert ankommen.

Frauen an die Trompete? Frauen an die Trompete!

An jenem Tag wohnen die Dorfbewohner in der Gemeinde Orbec, im Herzen der Normandie, einem seltsamen Spektakel bei: Inmitten von etwa 40 Gesangsgruppen bläst ein Frauenblasorchester in Posaunen, Hörner, Saxhörner und Ventilkornette. Wir schreiben den 6. August 1865, und zum ersten Mal tritt ein ausschließlich aus Frauen bestehendes kleines Blechblasorchester in der Öffentlichkeit auf – beim »Grand Concours Orphéonique«, dem großen orphischen Wettbewerb, der jedes Jahr die schönsten Interpretationen der Volksmusik auszeichnet. Die Musikerinnen betreten also die Bühne. Von Alphonse Sax dirigiert, dem Bruder des Saxophon-Erfinders und einem eifrigen Verteidiger weiblichen Instrumentenspiels, stimmen die Frauen vor einer neugierigen Menge die Hymne des Zweiten Französischen Kaiserreichs *Partant pour la Syrie* (›Nach Syrien abreisend‹) an. Die Musik hat Hortense de Beauharnais, die Mutter Napoleons III., zu einem Text von Alexandre de Laborde komponiert. Das Publikum und die Jury sind verblüfft. Das Orchester fährt mit den erst kürzlich entstandenen und sehr beliebten *Variations sur le carnaval de Venise* von Jean-Baptiste Arban fort, einer mitreißenden und festlichen Melodie, die virtuos endet. Das Publikum applaudiert überschwänglich. Das Blasorchester bringt zwei Goldmedaillen nach Hause, eine für die Formation und die andere für ihren Dirigenten.

Der Erfolg dieses Ereignisses überzeugt Alphonse Sax von der Berechtigung seines ein wenig verrückten Projekts: Blechblasinstrumente beim schönen Geschlecht einzuführen. Zwei Jahre später veröffentlicht er ein Buch mit dem Titel *Gymnastique des poumons. La musique instrumentale au point de vue de l'hygiène et la création des orchestres féminins* (›Gymnastik für die Lungen. Die Instrumentalmusik im Hinblick auf Hygiene und auf die Gründung weiblicher Orchester‹), worin er Frauen ausdrücklich das Instrumentenspiel, namentlich der Blechblasinstrumente, empfiehlt. Ihm zufolge ist das Spielen eines Instruments wie z. B. des Horns, des Bügelhorns (eines Verwandten der Trompete) oder des Ventilkornetts vorteilhaft für die Gesundheit, den Atem, die Schwangerschaft, aber auch für das Fortkommen in der Gesellschaft, denn er findet, dass »der Frau nichts mehr geblieben ist«. In seiner Überzeugung, dass die Frauen von der Allmacht des Mannes in der Familie, im staatlichen Bereich wie in der Kunst erdrückt werden, begnügt sich dieser Feminist nicht damit, seine Gedanken niederzuschreiben: Zusätzlich unterrichtet er mehrere junge Mädchen an Blasinstrumenten, um den positiven Einfluss der Musik auf ihre Gesundheit zu studieren (ohne dass seine Recherchen wirklich wissenschaftlichen Wert hätten), und beweist damit, dass sie sehr wohl dazu fähig sind, diese als männlich geltenden Musikinstrumente brillant zu spielen.

Und das ist der springende Punkt: Woher stammt die Vorstellung von geschlechtsspezifischen Instrumenten? Warum kann eine Frau im 19. Jahrhundert Klavier spielen, sogar in der Öffentlichkeit, darf aber keine Blasinstrumente anrühren? Die Vorschrift ist umso seltsamer, als aus der Antike, insbesondere auf Vasen, Darstellungen von Perkussionistinnen, Flötistinnen, Gitaristinnen und Harfenistinnen überliefert sind und sich mitten im Zeitalter der Aufklärung Instrumentalistinnen an der Viola da Gamba, am Horn, an der Geige oder der Mandoline hervortaten. Ihre Anzahl ist zwar sehr gering, aber sie konnten in Orchester eintreten und beim *Concert spirituel* (›geistlichen Konzert‹) auftreten, einer Vereinigung, die unter Ludwig XV. und Ludwig XVI. die begehrtesten musikalischen Soireen organisierte. Es reichten einige Jahrzehnte, damit die wenigen Instrumentalistinnen vollkommen von der Bühne verschwanden und sich die Vorschrift durchsetzte: Nein, bestimmte Musikinstrumente spielt man nicht, wenn man eine Frau ist.

Und die Tradition dauert fort. In den heutigen Orchestern in Frankreich stellen gemäß einer Studie der französischen Orchestervereinigung (die in der Saison 2016/17 bei circa 40 Ensembles durchgeführt wurde) die Frauen an Blechblas- und Perkussionsinstrumenten weniger als fünf Prozent der Musizierenden, an den Kontrabässen weniger als ein Viertel, an der Harfe hingegen 85 Prozent und mehr als 50 Prozent an der Querflöte. Woher kommt diese Aufteilung der Musikinstrumente?

Es gibt vordergründig sinnfällige, sehr klischeehafte Antworten, die sich auf Klang und Größe der Instrumente beziehen: für die Frauen die kleinen Instrumente mit hohen Klängen wie die Flöte, für die Männer die sperrigen Instrumente mit tiefen Klangfarben wie der Kontrabass. Unbewusst klassifiziert man die Instrumente nach ihrem Ausmaß und ihrem klanglichen Tonumfang, und man fügt das Vorurteil hinzu, dass ein junges Mädchen kein schweres Instrument halten kann. Um diesen Mythos zu dekonstruieren: Versuchen Sie mal, eine Harfe zu spielen (ein vermeintlich weibliches Instrument) oder gar eine zu transportieren, und Sie werden sehen, wie sehr die Harfenistinnen ihren ganzen Körper und eine beeindruckende physische Kraft zum Einsatz bringen. Aber weil der Klang dieses Instruments sehr sanft ist, sind die Männer häufig davon ausgeschlossen oder werden in ihrer Männlichkeit angegriffen, wie die Kritik von Émile Vuillermoz bezeugt, die 1912 anlässlich eines Harfenwettbewerbs geschrieben wurde: »Manchmal sieht man, wie ein schüchterner Jüngling, der sich in den weißen und rosafarbenen Schwarm der Mädchen mit ihren geschmeidigen Fingern verirrt hat, linkisch die Bühne betritt, die durch sein schwarzes Jackett einen traurigen Anstrich erhält, und wie er mit seinen groben Fingergliedern die goldenen Saiten verbiegt, die sonst alle unter der zarten Berührung hübscher nackter Arme vibrieren.«

Wenn wiederum Frauen sich eines Instruments bemächtigen, das sich ihnen nicht geziemt, hagelt es die umgekehrten Kommentare – so schreibt der Musikkritiker Albert Cler 1840: »Die Frau, die sich an den Männern vorbehaltenen Instrumenten vergreift und beispielsweise Geige, Flöte oder Kontrabass spielt, hat normalerweise männliches Gebaren und einen Anflug von einem Schnurrbart.«

Ende des 18. Jahrhunderts veröffentlicht der deutsche Pfarrer und Komponist Carl Ludwig Junker[23] einen Text, der gut den Mentalitätswandel gegenüber den Musikerinnen illustriert. Er erstellt darin eine Liste derjenigen Instrumente, die Frauen spielen dürfen: das Cembalo, die Laute, die Zither oder die Harfe. Sein Hauptargument, um diese Einteilung (die mehr als ein Jahrhundert fortbestehen wird) zu rechtfertigen, beruht auf der vermeintlichen Tatsache, dass eine Frau, die ein Blasinstrument spielt – hässlich wird. Man entreißt also den

Frauenhänden die Instrumente aus rein ästhetischen, körperlichen Gründen. Die Musikwissenschaftlerin und Soziologin Hyacinthe Ravet befasst sich in ihrem Buch *Musiciennes. Enquête sur les femmes et la musique* (›Musikerinnen. Untersuchung über die Frauen und die Musik‹) ausführlich mit dieser Vorstellung von Instrumentalistinnen. Im 19. Jahrhundert muss der weibliche Körper anmutig, schamhaft und dezent bleiben. Die damit verbundene Kontrolle, die auf den Frauen lastet, macht es ihnen unmöglich, an bestimmten Instrumenten zu musizieren. Das Violoncello? Man hält es zwischen den gespreizten Beinen: anstößig. Die Flöte? Man gebraucht dazu den Mund und sondert ein wenig Speichel ab: wenig empfehlenswert. Die Oboe, die Klarinette, das Fagott? Man muss ein Mundstück oder ein Rohrblatt in den Mund nehmen: ebenfalls ungesund. Die Geige? Der Körper ist zu sehr in Bewegung, die Arme vollführen ausladende Gesten: kommt nicht in Frage. Und die Blasinstrumente, die Trompete, das Horn, die Posaune? Das Gesicht rötet sich, die Wangen schwellen an, der Speichel muss manchmal aus dem Instrument befördert werden: erneut nein.

In Frankreich sind zwar im Konservatorium seit seiner Gründung 1795 beide Geschlechter zugelassen, aber nur in eingeschränktem Maße. Die Kurse sind nach Geschlechtern getrennt, genauso wie der Zugang zum Gebäude: Die Mädchen betreten es von der Rue Bergère aus, die jungen Männer von der Rue du Faubourg-Poissonnière. Die einzigen Momente, in denen Tuchfühlung erlaubt ist, sind die Konzerte des Konservatoriums. Ansonsten sind die Vorschriften strikt: Die Mädchen dürfen an einem Ort, wo – oh Schreck, oh Graus – Männer sein könnten, weder sprechen noch sich aufhalten. Trotz alledem ermöglicht es der Zugang zur musikalischen Ausbildung den Frauen, einen höheren Abschluss zu erlangen, in der Öffentlichkeit aufzutreten und von Beruf Musikerin zu sein. Das sind reale Fortschritte, wenn man diese Institution mit der Universität vergleicht, zu der Frauen erst ab der zweiten Hälfte des 19. Jahrhunderts Zutritt haben. Alle Türen stehen ihnen gleichwohl nicht offen. Zu Beginn des Jahrhunderts schreiben sie sich hauptsächlich in Klassen für Klavier, Harmonielehre und Gesang ein, ab 1841 auch für Harfe (zuvor war die Klasse nur Männern vorbehalten); und da sie Kurse für Notenschrift, Geige, Violoncello, Kontrabass und alle Blasinstrumente nicht belegen dürfen – können sie auch nicht das Komponieren erlernen.

Manchen gelingt es, die Verbote zu umgehen, und selbst die Männer beginnen über Lösungen nachzudenken, wie sie das Instrumentalspiel zugänglich machen können, ohne »auf Anmut zu verzichten«. Das sind die Worte des Geigenspielers Jean-François Bellon, der in *Le Violon des dames* (›Die Geige der Damen‹) ein Verfahren vorschlägt, mit dem auch Damen das Geigenspiel erlernen können, indem sie das Instrument nicht unter dem Kinn, sondern auf dem Knie ansetzen. Nur die Harfe scheint den Anstandskriterien und damit der Liste verbotener Instrumente zu entkommen: Dabei ist sie ein stattliches Instrument, das man zwischen den Beinen hält und das vor allem eine beträchtliche physische Kraft erfordert – sowohl in den Armen als auch, beim Treten der Pedale, in den Beinen. Für diese Ausnahme gibt es mehrere Gründe. Da ist der Klang, wie schon erwähnt: kristallin, hoch, sanft, romantisch – er fügt sich sehr leicht in die Auffassung von Weiblichkeit, die man damals hatte (und heute immer noch hat). Zudem ist die Harfe ein sehr altes Instrument, das der Lyra ähnelt; es gibt entsprechend zahlreiche Abbildungen von Musikerinnen, die dieses zu zupfende Saiteninstrument spielen, was seiner Akzeptanz zugutekam. Schließlich hat die Stattlichkeit der Harfe auch ihre guten Seiten: Wenn man Frauen Zugang zu Instrumenten gewährt, deren Standort sich nicht leicht verändern lässt, kann man die Standortwechsel der jeweiligen Frau besser kontrollieren. Auf der Harfe oder dem Klavier können sie ihre Musik nicht irgendwo und nicht mit irgendwem spielen. Sie sind festgelegt auf den Ort, an dem sich ihr Instrument befindet.

Sehr bald schon gesellt sich zu dem moralischen Verbot ein nahezu medizinisches. Wenn Alphonse Sax in seinem Buch *Gymnastique des poumons* (›Lungengymnastik‹) auf der wohltuenden Wirkung des Musizierens besteht, dann antwortet er damit auf Studien, die die schädliche Wirkung aufzeigen, die das Blasen eines Instrumentes für die Frauen haben soll. Das Wort »Gymnastik« ist hier nicht unbedeutend, denn dies ist eine der wenigen physischen Aktivitäten, die den Frauen damals erlaubt war. Sport hingegen, glaubt man, könnte die Fruchtbarkeit beeinträchtigen, sogar zu Sterilität führen. Weniger eindeutig, aber tiefgründiger ist eine letzte Hypothese zur geschlechtlichen Aufteilung der Instrumente, angeregt durch den Essay von Paola Tabet, *Les Mains, les outils, les armes* (›Die Hände, die Werkzeuge, die Waffen‹), der die Unterscheidung zwischen angeborener, natürlicher Kunst und der Kunst, die eines Werkzeugs, eines Objekts, hier eines Musikinstrumentes bedarf, aufgreift. Dieser Sichtweise zufolge verbindet man mit den Frauen eher die Spontaneität und entsprechend den Gesang oder den Tanz, mit den Männern hingegen die Technik, also das Instrumentalspiel.

Während der gesamten Epoche der Romantik werden die Orchester größer. Sie nehmen von nun an die moderne Querflöte auf, die zu einem vermeintlich weiblichen Instrument wird. Dort jedoch, wo die Dirigenten nun ins Rampenlicht treten, verschwinden die Musikerinnen. Dort, wo ihnen dank der Kurse im Konservatorium eine Karriere hätten winken können, dort, wo sie als brillante Interpretinnen eine Zukunft hätten haben können (auch wenn man sie nicht ihre Kompositionen zu Gehör bringen lässt), zwingt man sie nun zu einem amateurhaften Musizieren im privaten, vertraulichen Kreis, mit nur einem einzigen Instrument: dem Klavier. Der Hoffnungsschimmer in diesem Bild: Die Epoche der Romantik ist den großen Klavierwerken günstig. Nahezu ein Jahrhundert nach Hélène Montgeroult wird das Klavier König und bringt im Laufe des 20. Jahrhunderts einige unbestrittene Königinnen hervor.

Playlist 4

Fanny Mendelssohn, *Italien*

Fanny Mendelssohn, *Trio mit Klavier*, Opus 11

Clara Schumann, *Trio mit Klavier*, Opus 17

Cécile Chaminade, *Concertstück*

Alma Mahler, *Hymne*

Louise Farrenc, *Dritte Symphonie*

Augusta Holmès, *La Montagne noire*

Louise Héritte-Viardot, Quartett mit Klavier, *Im Sommer*

Mel Bonis, *Trois femmes de légende*

Gaetano Donizetti, »Il dolce suono«, Arie aus der Oper *Lucia di Lammermoor*

Giacomo Puccini, »Un bel dì, vedremo«, Arie aus *Madame Butterfly*

Georges Bizet, »Le trio des cartes«, Arie aus *Carmen*

5 Die selbstbewussten Modernen

Das 20. Jahrhundert beginnt mit schönen Versprechungen. Die französische Komponistin Lili Boulanger erhält den Großen Preis von Rom – eine Premiere für eine Frau. Weibliche Orchester, von Dirigentinnen geführt, schießen in ganz Europa aus dem Boden. Soloinstrumentalistinnen erobern sich einen Platz, so wie die Geigerin Ginette Neveu, die den anspruchsvollen Internationalen Henryk-Wieniawski-Violinwettbewerb gewinnt. Und auf der anderen Seite des Atlantiks entdeckt die ganze Welt die tiefe Stimme der Kontraaltistin Marian Anderson und verfällt dem Charme jener afroamerikanischen Sängerin, die für Generationen von Sängerinnen zum Vorbild werden wird. Aber in dieser Atmosphäre guter Neuigkeiten und Neuerungen brechen die beiden Weltkriege aus und machen den Elan zunichte.

Die Schwestern Boulanger

Am 22. Mai 1913 stürmen fünf junge Kandidaten durch die Pforten des Schlosses von Compiègne. Nachdem sie bei zwei Auswahlprüfungen erfolgreich waren, haben sie nun einen Monat Zeit, um sich auf das Finale des Musikwettbewerbs vorzubereiten: Sie sollen zu Eugéne Adenis' Gedicht mit dem Titel *Faust et Hélèna* eine Kantate komponieren und ihr Werk vortragen. Unter den glücklichen Auserwählten befindet sich eine Frau: Lili Boulanger. Die Musikerin ist entschlossener denn je. Im Vorjahr hat ihre Kränklichkeit sie daran gehindert, an dieser letzten Prüfung teilzunehmen; dieses Mal ist sie bereit, bis zum Äußersten zu gehen. Nachdem die Kandidaten einen Monat der Isolation mit hartnäckiger Arbeit verbracht haben, hört sich die Jury die fünf Werke an der Académie des Beaux-Arts von Paris an. An jenem Tag kommt die Kantate Lili Boulangers an dritter Stelle an die Reihe. Zu dieser Gelegenheit bringt sie Sänger und Sängerinnen der Pariser Oper sowie der Opéra-Comique in einer brillanten Besetzung zusammen, die von Nadia Boulanger, ihrer Schwester, am Klavier komplettiert wird; sie selbst übernimmt die Leitung des Ensembles. Das Urteil ist klar und deutlich: Mit 31 von 36 Stimmen erhält Lili Boulanger 1913 den Grand Prix de Rome. Ein lobender Kommentar der Jury lautet: »Intelligenz in der Behandlung des Themas und Genauigkeit in der Vortragskunst. Sensibilität und Wärme. Poetisches Empfinden. Intelligentes und lebendiges Orchester. Bemerkenswerte Kantate.« Mit 19 Jahren ist die Komponistin die erste Frau, die den renommiertesten Wettbewerb der Musikwelt gewinnt.

Das 20. Jahrhundert könnte für die Künstlerinnen mit keiner besseren Nachricht beginnen. Diesen Preis einer Frau von 19 Jahren zu verleihen in einem so akademischen Umfeld wie dem Musikbetrieb, noch dazu von einer Jury, die für ihre Misogynie bekannt ist, ist ein äußerst starkes Zeichen der Anerkennung. Lili Boulanger wird offiziell als »erster weiblicher Komponist« [sic!] in der Musikwelt anerkannt. Und – das ist das i-Tüpfelchen – das Wort »Genie« taucht endlich in der Presse auf, um die Begabung einer Frau zu qualifizieren. Ihr Werk spricht die Zeitgenossen an und ruft bei etablierten Komponisten wie Maurice Ravel, Gabriel Fauré oder Claude Debussy Bewunderung hervor. Aber Lili Boulanger wird einen ebenso fulminanten wie rasch vergänglichen Ruhm erleben. Die geniale Musikerin stirbt mit 24 Jahren infolge ihrer zahlreichen Gesundheitsprobleme. Damit fügen sich alle Elemente zusammen, die einen perfekten Mythos ausmachen – den vom Genie, das mitten im Höhenflug dahingerafft wurde. Allerdings sollten Mythen die Zeit überdauern und Legenden entstehen lassen – aber wer kann heute außerhalb der Musikszene noch ein Werk von Lili Boulanger benennen?

Nadia Boulanger hat einen Teil ihres Lebens dem Gedenken und der Verbreitung der Musik ihrer jüngeren Schwester gewidmet. Streng, kühl, anspruchsvoll – das sind Worte, die häufig wiederkehren, um die ältere Schwester zu charakterisieren, die zugleich Pianistin, Organistin, Chorleiterin und Dirigentin, Komponistin und Pädagogin war. Alle Welt kannte Nadia Boulanger. In jedem Fall all diejenigen, die im 20. Jahrhundert in der Musikwelt verkehrten. Sie stand jedoch keineswegs im Rampenlicht – außer wenn sie Orchester dirigierte. Sie hat kein Meisterwerk verfasst. Ihre Popularität verdankt sich den Fluren des Konservatoriums von Paris, der École normale de musique und des amerikanischen Konservatoriums von Fontainebleau. Ebenso ist ihr wachsender Nimbus ihren häuslichen Aktivitäten geschuldet, entweder in ihrer Zweitwohnung in Gargenville, Département Yvelines, oder in der Pariser Rue Ballu 36, einige Meter vom Place de Clichy entfernt – an einem Ort, der inzwischen Place Lili et Nadia Boulanger heißt. In diesem Appartement im IX. Arrondissement, wo ein Klavier und eine Orgel (!) prangten und das voller Fotos und Blumen war, empfing Nadia Boulanger Hunderte von Schülern, von denen manche herausragende Musiker oder Komponisten wurden. In ihrem Leben als Musikpädagogin hat sie Amerikaner wie Aaron Copland, Philip Glass, Leonard Bernstein und Quincy Jones ausgebildet. Sie hat den König des Tangos, Astor Piazzolla, unterrichtet, den Dirigenten und Pianisten Daniel Barenboim und so unterschiedliche Komponisten wie Michel Legrand, Iannis Xenakis, Michaël Levinas oder Pierre Henry sowie auch manche Komponistinnen, darunter Betsy Jolas und Grażyna Bacewicz.

Diese Liste, weit davon entfernt, vollständig zu sein, vermittelt einen flüchtigen Eindruck von dem Einfluss, den ihre Pädagogik auf die Musik des 20. Jahrhunderts hatte. Ob nun auf dem Gebiet zeitgenössischer Werke, der Interpretation, des Jazz, der Filmmusik oder Musicals – das Denken, die Lehrtätigkeit und der Einfluss dieser Frau prägten das Jahrhundert. Noch heute erinnern sich ehemalige Schüler innerlich bewegt und mit Respekt an den meisterlichen Unterricht der »Mademoiselle«. Dieser Beiname, der als ein Zeichen von Respekt angesehen wird, verweist allerdings zugleich auf ihren Status als unverheiratete und kinderlose Frau. Das Bild von der »alten Jungfer« haftet ihr an, beschützt sie aber in gewisser Weise auch davor, in Verruf zu geraten. Die Berichte über Nadia Boulanger sprechen niemals von Liebesgeschichten. Man konzentriert sich auf ihre Arbeitsbeziehungen und ihren strengen, aber beeindruckenden Charakter.

Der Unterricht steht im Mittelpunkt ihres Lebens. Im Alter lassen ihre Augen sie im Stich, aber niemals ihre Ohren, und sie empfängt weiterhin ehemalige Schüler, vielversprechende Künstler und zahlreiche Freunde bei sich zu Hause. Bis ans Ende ihrer Tage, bis 1979, erteilt sie Unterricht. Da ist sie 92 Jahre alt. Eine andere Mission verfolgt die Pädagogin ebenfalls ihr Leben lang: die Erinnerung an ihre jüngere Schwester lebendig zu halten. Bevor sich Lili Boulanger ans Komponieren machte und sich darauf konzentrierte, Musik zu verfassen, war Nadia die Kreativere. Sie bewarb sich übrigens fünf Jahre vor dem Triumph ihrer Schwester um den Prix de Rome und erhielt den ehrenvollen Second Grand Prix, der dem vierten Platz entspricht. Als sie dann aber Lilis Gabe bemerkte, hörte sie mit dem Komponieren auf – nicht aus Eifersucht, sondern aus Hellsicht. Frauen hatten damals noch große Schwierigkeiten, sich als Komponistinnen durchzusetzen, und die Stellen waren umkämpft, auch unter den Männern. Indem Nadia das Feld ihrer Schwester überließ, öffnete sie dieser so viele Türen wie möglich und bewies, wie sehr sie an Lili glaubte. Schon als Jugendliche komponierte die Jüngere der Boulangers eindrucksvolle Werke, unterstützt von zahlreichen Menschen aus der Musikwelt, die sie ermutigten und ihr ehrliche Zuneigung und Bewunderung entgegenbrachten. Einer der Ersten, die ihre Begabung bemerkten, war der Komponist Gabriel Fauré. Er erteilte ihr die ersten musikalischen, vor allem pianistischen Ratschläge, bevor sie sich 1909 im Konservatorium von Paris einschrieb.

Lili Boulanger wurde seit frühester Kindheit sehr oft krank. Die Ursachen sind nur wenig bekannt, jedenfalls hinderte ihr Gesundheitszustand sie daran, das Leben eines Mädchens voller Bedürfnisse, Wünsche und Ideen zu leben. Zu dieser Anfälligkeit kam, als sie sechs Jahre alt war, der Verlust ihres Vaters hinzu, der tiefe Spuren bei ihr hinterließ. Diese beiden biographischen Elemente prägten ihre musikalische Persönlichkeit. Im Werk Lili Boulangers hört man eine tiefgründige, dichte, vielschichtige und manchmal düstere Musik. Je älter sie wird, desto dichter sind ihre Werke, durchtränkt vom tragischen Wissen um den Tod. Ihre Psalmen – wie Nr. 129, *Ils m'ont assez opprimé dès ma jeunesse* (›Sie haben mich von Jugend an genug unterdrückt‹) – stellen die Kraft einer Komponistin unter Beweis, die mit ihren 20 Jahren wie eine Frau schreibt, die vom Leben aufgerieben wurde.

Zwei Jahre, bevor sie stirbt, durchlebt sie Phasen ungeheurer Erschöpfung, sie ist von Schmerzen wie gelähmt und hat wochenlang zu nichts Kraft. Sie nutzt die wenigen Atempausen zum Komponieren, es ist ihr dringlich. Im Jahr 1918 ruht sie sich in einem Haus in Mézy-sur-Seine aus, wenige Kilometer von dem Zweitsitz der Boulangers entfernt. Sehr entkräftet und im Bewusstsein, ihre letzten Augenblicke zu erleben, diktiert sie Nadia die Noten zu *Pie Jesu*, einem langsamen, friedvollen Gebet, das mit einem erhabenen »Amen« und Noten endet, die, als hingen sie an einer aufgezogenen Feder, nicht aufhören wollen nachzuklingen.

Pie Jesu, diese letzte auf dem Sterbebett verfasste Gesangspartitur, fügt sich in ihr Werk von fast 50 Stücken ein – die meisten davon sind Chormusik. Hier allerdings verwendet sie, im Unterschied zu einem vollständigen Chor, nur eine Sopranstimme, die von einem Streichquartett, einer Harfe und einer Orgel begleitet wird. Aufgrund seiner Schlichtheit unterscheidet sich dieses Stück von ihren anderen Werken, denn die Musikerin hatte den Ehrgeiz, für große Orchesterformationen zu schreiben, und komponierte imposante symphonische Werke wie *Vieille prière bouddhique* (›Altes buddistisches Gebet‹) oder *D'un matin de printemps* (›Von einem Morgen im Frühling‹). Der Schluss ist sanft. Am 15. März enden die Leiden der Lili Boulanger. Die Komponistin stirbt, und die Nachricht löst in der Musikwelt große Erschütterung aus.

Wie sollte man angesichts dieses tragischen Endes nicht an Mozart denken? Auch er diktierte seine letzte Partitur, ein Requiem, auf seinem Sterbebett – mit dem Unterschied, dass er sein Werk niemals vollendete, anders als Lili Boulanger. Ihr wiederum gelang es nicht, hinter eines ihrer großen Projekte einen Schlusspunkt zu setzen: die Niederschrift einer Oper. Nachdem sie 1913 den Prix de Rome erhalten hatte, stand der Preisträgerin ein zweijähriger Aufenthalt in der Villa Medici in Aussicht. Aber ihre Mutter war wegen ihrer Gesundheit besorgt und ängstigte sich zudem, ihre Jüngste unter lauter Männern alleinzulassen. Eine einzige Frau residierte damals in der Villa, die Bildhauerin Lucienne Heuvelmans. Schließlich wurde ein Kompromiss gefunden: Lili durfte gehen, unter der Bedingung, dass ihre Mutter sie begleitete. Der Aufenthalt war von kurzer Dauer: Lili blieb lediglich vier Monate, da es die Mutter leid war, weit von Paris entfernt zu sein. Aber es war eine glückliche und produktive Zeit, in der Lili Boulanger, umringt von brillanten Künstlern, die Freuden von Kameradschaft erlebte und ihre Oper voranbrachte, über die sie schon seit mehr als einem Jahr nachdachte.

Tatsächlich hatte sie 1912 ein Stück von Maurice Maeterlinck entdeckt, *La Princesse Maleine* (*Die Prinzessin Maleine*), und stellte sich vor, die Handlung für ihr Gesangswerk zu verwenden. Der Autor ist bekannt: Er war es, der eine seiner Geschichten Claude Debussy für dessen einzige Oper *Pelléas et Mélisande* überließ. Lili Boulanger ihrerseits fand Gefallen an dieser *Princesse Maleine*; deren Protagonistin ist eine Frau, die Opfer eines geheimnisvollen Übels wird und schließlich vergiftet sterben muss (da ja die Heroinen, wie wir gesehen haben, in der Oper stets sterben). Die Komponistin bat den Autor um die Genehmigung, einige Passagen abändern zu dürfen. Maeterlinck erlaubte das und schrieb ihr 1916: »Mademoiselle, ich gestatte Ihnen mit größtem Vergnügen, mein Drama in fünf Akten, *La Princesse Maleine*, zu vertonen.« Lili Boulanger nahm also das Umschreiben des Librettos in Angriff, dann die Musik, die Stimmen, die Orchestrierung. Regelmäßig sandte sie dem Autor Nachrichten über ihr Vorankommen zu; dieser war hocherfreut, dereinst sein Stück hören zu können, vertont von einer der brillantesten Musikerinnen des Jahrhunderts. Er reagierte trotz aller Ungeduld auf jene Momente, in denen es Lili Boulanger sehr schlecht ging, gelassen: »Ich habe große Zuversicht, woher auch immer, und an der möchte ich Sie gerne teilhaben lassen. Ich fühle, fast möchte ich sagen, ich weiß, dass das geniale Kind, das der Prinzessin Maleine eine Stimme geben soll, nicht entschwinden kann, bevor es nicht sein Werk vollendet hat, das sich hier anscheinend mit dem eigenen Schicksal vermischt«, schreibt er an Nadia Boulanger ein Jahr vor dem Ableben ihrer Schwester.

Aber … die Partitur ist unauffindbar. Keine Spur von *La Princesse Maleine* in den Archiven. Wahrscheinlich war das Werk schon recht weit fortgeschritten. Was ist passiert? Wollte jemand die Oper zum Verschwinden bringen? Wenn ja, warum? Oder handelt es sich um einen Irrtum, und man kann darauf hoffen, eines Tages das Manuskript in einer Bibliothek oder einer Scheune aufzustöbern? Jérôme Spycket, der Lili Boulanger eine Biographie gewidmet hat, stellt verschiedene Hypothesen auf, darunter die durchaus plausible, dass die große, Lili beschützende Schwester die Partitur vernichtet hat. Nadia Boulanger, die nur zu gut um die Begabung ihres kleinen Schützlings wusste, hätte urteilen können, dass das Werk noch nicht ausgereift genug, eventuell sogar unter dem Niveau dessen war, was das Wunderkind vollbringen konnte. Sie hätte also, nach reiflicher Überlegung und um Lilis Nachruhm nicht zu gefährden, die Partitur nach Lilis Tod vernichten können. Es wäre schwer, ihr deshalb böse zu sein, denn es verdankt sich ansonsten ja ihrer Hingabe, dass das Werk und das Andenken an Lili Boulanger überhaupt erhalten blieben.

Legendäre Musikerinnen und tragische Schicksale

Den Rücken gebeugt und mit zögerlichen Schritten kommt die Musikerin auf die Bühne, es herrscht vollkommenes Schweigen. Das Publikum hält den Atem an: Wird sie es allein bis zum Instrument schaffen? Alles an ihrem Körper und in ihrer Haltung zeugt von Zerbrechlichkeit. Sie setzt sich ans Klavier und legt ihre Hände auf die Tasten. Von den ersten Noten von Beethovens *Sonate für Klavier* Nr. 17 an, bekannt unter dem Namen *Der Sturm*, verfliegen die Zweifel. Die Pianistin mit dunklem Haar entwickelt eine derartige Energie und Präzision in ihrem Spiel, dass man nicht mehr aus Beunruhigung den Atem anhält, sondern um besser zuzuhören. Ihr Name: Clara Haskil – eine der größten Musikerinnen des 20. Jahrhunderts.

Als sie 1895 geboren wird, machen sich in der Musik wichtige Veränderungen bemerkbar: Die Epoche der Romantik ist längst vergangen, der Jazz kommt auf, und vor allem ist Richard Wagner omnipräsent. Der Komponist setzt neue Maßstäbe, in der Komposition, aber auch in der Form des Konzertierens – ihm verdanken wir die Stille, die dem Saal auferlegt ist. Diese Stille wird zu Beginn des 20. Jahrhunderts von einer Revolution begleitet: der Entwicklung der Tonaufnahme. Die Technik verbessert sich von Jahr zu Jahr, die Industriellen und die Erfinder reiben sich die Hände, und die ersten kommerziellen Unternehmen erblicken in dieser Sparte das Licht der Welt. Von nun an wird die Musik nicht mehr eine vergängliche Kunst sein. Man kann ein Konzert aufnehmen, an einem Augenblick der Musikgeschichte teilhaben, eine Stimme, eine Stille, ein Vibrato einfangen. Diese Umwälzung wird eine ganze Generation legendärer Interpreten hervorrufen. Sicher, und wir haben es in diesem Buch schon gesehen, hatten zuvor schon Intrumentalistinnen und Instrumentalisten, Sängerinnen und Sänger die Kraft, sich einen Namen zu machen, aber von nun an wird das Spiel der Musikerinnen und Musiker zeitlos.

Es wäre absurd, von den Solistinnen des 20. Jahrhunderts als Pionierinnen zu sprechen. Die klassische Musik erlebte im Laufe der Jahrhunderte immer wieder, wie in ganz Europa bejubelte Virtuosinnen brillierten. Man hat das am Beispiel von Clara Schumann auf ihren Russlandtourneen gesehen, man kann auch Lise Christiani erwähnen – eine der sehr wenigen Cellistinnen in der ersten Hälfte des

19. Jahrhunderts, die bis nach Sibirien reiste, um dort auf ihrer Stradivari zu musizieren – oder auch Maria und Teresa Milanollo, zwei italienische Schwestern, die hinreißend Geige spielten. Aber nur schriftliche Berichte bezeugen ihre Begabung, während seit dem Beginn der Moderne die bekannten Musikerinnen ihr Spiel dauerhaft zu Gehör bringen können. Müsste man sich in diesem Zusammenhang auf drei Geschichten beschränken, dann wären es die von Clara Haskil am Klavier, Jacqueline Du Pré am Violoncello und Ginette Neveu an der Geige. Warum? Weil alle drei ein tragisches Schicksal hatten, das ihren Ruf befeuerte, und alle drei bei Musikliebhabern allgemeine Zustimmung erfuhren.

Wie erkennt man ein Genie, wenn man nicht unbedingt ein geschultes Ohr hat? Man muss seinen Ohren vertrauen und sich manchmal in die aufschlussreichen Geschichten von Künstlern vertiefen. So ist zum Beispiel die Rumänin Clara Haskil mit fünf Jahren dazu in der Lage, auf dem Klavier eine Sonatine von Mozart, die sie gerade zum ersten Mal gehört hat, perfekt nachzuspielen. Sie ist ein beeindruckendes, aber trauriges Mädchen. Ihre ersten Jahre sind hart. Sie verliert sehr früh ihren Vater und wird mit sieben Jahren nach Wien geschickt, weit weg von ihrer Familie, um unter der Aufsicht eines Onkels ihr Klavierspiel zu vervollkommnen. Sie landet drei Jahre später in Paris, wird von Alfred Cortot, der ihr Spiel scharf kritisiert, des Konservatoriums verwiesen, aber wieder zurückgeholt von Gabriel Fauré – dem Bewunderer und Beschützer Lili Boulangers –, der auch sie unter seine Fittiche nimmt. Sie fühlt sich allein, erduldet wegen ihrer Skoliose eine sehr brutale medizinische Behandlung und verliert ihre an Krebs erkrankte Mutter.

Als sie größer wird, kommt ihre Karriere fast zum Stillstand, ohne dass es dafür eine einleuchtende Erklärung gäbe. Ist es ihre Bescheidenheit, die sie zu diesem Rückzug veranlasst? Die Pianistin macht finstere Jahre durch. Als Jüdin muss sie sich während des Zweiten Weltkrieges in Paris verstecken, kann aber nach Marseille (und später in die Schweiz) flüchten; zudem muss sie sich 1942 einer Notoperation unterziehen: Man hat einen Tumor an der Hirnanhangdrüse diagnostiziert. Ihr erst jüngst erworbener Bekanntheitsgrad ermöglicht es ihr gleichwohl, heimlich einen Neurochirurgen aus der Hauptstadt holen zu lassen. Während sie viele Stunden lang unter Lokalanästhesie operiert wird, soll Clara Haskil Mozarts 9., *Jeunehomme* genanntes Klavierkonzert mit den Händen trommeln, um sicherzustellen, dass ihr Gehirn nicht affiziert wird.

Erst nach dem Ende des Zweiten Weltkriegs kann die Begabung Clara Haskils gebührend gewürdigt werden. Sie erlebt ein Dutzend Jahre des Ruhms, der Aufzeichnungen und der Freundschaften mit den größten Künstlern, angefangen bei Charlie Chaplin über den Pianisten Dinu Lipatti bis hin zum Dirigenten Herbert von Karajan. Clara Haskil spielt für Aufnahmen Werke der großen Meister der Musik: Beethoven, Mozart und Schumann (leider nicht Clara, sondern Robert). Die Kritik begrüßt ihren Wagemut. Man sagt, sie würde sich nicht damit begnügen, Musik zu interpretieren, sondern mache sie wieder lebendig. Die Musikerin spielt mit ihrer ganzen Seele, und niemand weiß, woher diese Eingaben, diese Begabung kamen.

1960 wird die Pianistin von ihrem fragilen Gesundheitszustand eingeholt. Als sie in Brüssel zu einem Konzert mit dem Geiger Arthur Grumiaux erwartet wird, stürzt sie auf der Bahnhofstreppe. Der Sturz ist verhängnisvoll: Mit 65 Jahren stirbt sie am 7. Dezember. Auch Ginette Neveu und Jacqueline Du Pré wurden früh in ihrem Leben brutal hinweggerafft, allerdings noch in viel jüngerem Alter als Clara Haskil.

Bei beiden handelt es sich ebenfalls um Genies. Aber woran erkennt man das? Wenn das Ohr nicht ausreicht, um eine außergewöhnliche Begabung zu erfassen, kann das Auge helfen. Es existieren mehrere Filmaufnahmen von Jacqueline Du Pré bei Proben und Konzerten. Man muss nur sehen, wie ihr Gesicht beim Klang der Noten aufleuchtet, beobachten, wie ihre Finger mit einer verwirrenden Leichtigkeit in die Saiten greifen, bewundern, wie ihr ganzer Körper vollkommen im Dienst der Musik steht und ihr Oberkörper vom Violoncello Besitz ergreift, um es erklingen zu lassen. Weitere Hinweise auf ihre Genialität liefert ihre Karriere, die sich mit der Aufnahme eines selten gespielten Stückes, des *Cellokonzerts* von Edward Elgar, rasant weiterentwickelt. Mit 20 Jahren nimmt sie dieses erschütternde, virtuose und einem großen Publikum bis dato unbekannte Werk auf. Die Platte wird eine Empfehlung, und für Jahrzehnte ist dieses Konzert so eng mit ihrem Namen verbunden, dass niemand anderes sich daran wagt, es zu spielen.

Jacqueline Du Pré wird gefeiert und ist bei vielen Anlässen anerkannter Mittelpunkt. Daran nimmt niemand Anstoß, so sehr scheinen ihre Aura und ihr Spiel für die Ewigkeit bestimmt. Ihr Leben wurde ausführlich analysiert, bis ins kleinste Detail durchforstet und nacherzählt – vielleicht nicht immer aus freundlichem Anlass. Auf dem Höhepunkt ihrer Beliebtheit begegnet sie dem Pianisten und Dirigenten Daniel Barenboim. Es ist Liebe auf den ersten Blick, und die beiden Künstler heiraten ein Jahr danach. Gemeinsam begeistern sie die größten Konzertsäle der Welt. Der bewundernde Blick des Dirigenten, wenn sie ein Cellokonzert von Elgar oder Dvořák spielt, kündet von einem außergewöhnlichen musikalischen Einverständnis.

Aber mit 26 Jahren beginnt die Musikerin, die an multipler Sklerose erkrankt ist, zu spüren, wie ihr Körper sie im Stich lässt. Zunächst langsam, dann aber immer rascher verliert sie das Empfindungsvermögen und die Beweglichkeit in den Händen und den Fingern. Die Krankheit zerfrisst ihren Körper. Jacqueline Du Pré beschließt ihre Karriere mit 28 Jahren, um sich dem Unterrichten zu widmen. Im Lauf der Jahre entkräftet, stirbt sie 1987 in London im Alter von 42 Jahren. Wenige Jahre reichten ihr aus, um sich zu einer großen Künstlerin zu entwickeln und die Musikwelt von ihrer fraglos außergewöhnlichen Begabung zu überzeugen, bis sie von einer unheilbaren Krankheit zerstört wurde.

Von unserer letzten genialen Musikerin existieren nur wenige Bilder. Der einzige Film, der die Geigerin Ginette Neveu beim Spielen zeigt, verewigt ein Konzert von 1946; man kann sie in einem kurzen Ausschnitt sehen, wie sie das *Poème pour violon et orchestre* (›Gedicht für Violine und Orchester‹) von Ernest Chausson interpretiert. Ihr Blick lässt nicht vom Dirigenten ab, und sie spielt hoheitsvoll vor einem – entsprechend den Usancen der Epoche – gänzlich männlichen Orchester.

Ihre Karriere entwickelt sich 1935 rasant bei der ersten Veranstaltung des internationalen Henryk-Wieniawski-Wettbewerbs für Geige in Warschau. Ginette Neveu wird unter 160 Kandidaten ausgewählt. Sie ist 15 Jahre alt und konkurriert mit berühmten Geigenspielern wie dem gefürchteten David Oistrach, der 27 Jahre alt ist und bereits auf eine erfolgreiche Karriere blickt. Außer dem Pflichtprogramm bietet die junge Musikerin als frei gewähltes Stück Ravels *Tzigane* (›Zigeunerin‹) dar – ein schwieriges, wenn nicht gar widerspenstiges Werk. Maurice Ravel komponierte es, nachdem er dem leidenschaftlichen und virtuosen Spiel der ungarischen Geigerin Jelly d'Arányi gelauscht hatte. In etwa zehn Minuten muss die Musikerin mit ihrem Instrument eine ungeheure Kraft und Schnelligkeit in der Ausführung entfalten. Kein Fehler darf ihr unterlaufen, und Ginette Neveu weiß das. Sie betritt die Bühne, spielt die ihr auferlegten Werke, darunter eine *Chaconne* von Bach, die die Jury beeindruckt, aber es ist ihre Interpretation der *Tzigane*, mit der sie schließlich überzeugt. Die junge Unbekannte erhält den ersten Preis des Wettbewerbs, vor David Oistrach. Ginette Neveu wird in ganz Europa bewundert, sie macht Tourneen mit einigen der größten Orchester. Als der Zweite Weltkrieg ausbricht, entscheidet sie sich, nicht in den besetzten Ländern aufzutreten, und spielt nur noch Werke für Klavier und Geige mit ihrem Bruder Jean.

1946 werden die Tourneen und Aufnahmen fortgesetzt. Ginette Neveu zeichnet legendäre Interpretationen auf. Außer der *Tzigane* von Ravel liefert sie sublime Interpretationen der Violinkonzerte von Brahms, der Sonaten Debussys (mit ihrem Bruder am Klavier) und verleiht dem Violinkonzert von Sibelius (op. 47) all seinen Glanz. Die Aufnahme dieses Meisterwerks entsteht bei Kriegsende mit dem Londoner Philharmonia Orchestra unter dem Dirigat von Walter Susskind. Ihr leidenschaftliches Spiel, ihre Hingabe und die Leichtigkeit, mit der sie die Töne in untadeliger Genauigkeit dahingleiten lässt, verleihen der Musik des finnischen Komponisten ihre volle Pracht. Für sie gilt: Je schwieriger und herausfordernder ein Stück ist, je mehr es danach verlangt, mit ganzer Seele gespielt zu werden, desto erfolgreicher ist das Resultat. Sie spielt, als hinge ihr Leben davon ab. Doch ihr Schicksal beraubt sie zu früh dieser Vitalität.

Ginette Neveu besteigt am 27. Oktober 1949 ein Flugzeug in Richtung Vereinigte Staaten, um eine Tournee durch gut 20 Städte anzutreten. Auf der anderen Seite des Atlantiks wartet ungeduldig jemand anderes, nämlich die Sängerin Edith Piaf, auf ihren Liebhaber, den Boxer Marcel Cerdan. Er wird niemals dort eintreffen, ebenso wenig wie die Geigerin an Bord jener Lockheed Constellation, die in der Nacht vom 27. auf den 28. Oktober über einer der Azoreninseln zerschellt. Der Tod des Sportlers drängt den der 30-jährigen Ginette

Neveu sowie ihres Bruders in den Hintergrund. Sie bleibt gleichwohl ins Gedächtnis der Sängerin Edith Piaf eingegraben, die vier Jahre vor ihrem Tod in ihrer Autobiographie *Au bal de la chance* schreibt: »Ich wäre Tausende von Kilometern gereist, um die große Ginette Neveu zu hören.«

Der Name der Geigerin geriet auch deshalb derart in Vergessenheit, weil zu wenige Aufnahmen von ihr existieren. Man musste bis zu den Feierlichkeiten anlässlich ihres 100. Geburtstags 2019 warten, damit ihr Name und ihr Spiel wieder in den Medien aufleuchteten.

Während das 20. Jahrhundert diese drei Instrumentalistinnen widerspruchslos als Genies akzeptierte, bedurfte es noch weit größerer Veränderungen in der Geisteshaltung, um Frauen an anderen Positionen zu tolerieren, insbesondere als Dirigentinnen.

An den Taktstock, Französinnen!

Der Kampf der Pionierinnen um die Orchesterleitung scheint kein Ende zu finden. Wenn man in die Geschichte zurückgeht, so sind die Nonnen im Mittelalter die Ersten, die in den Klöstern die Messen und Gebete mit Musik beleben. Dann gibt es im 19. Jahrhundert Komponistinnen wie Augusta Holmès, Urheberin der Oper *La Montagne noire*, oder die Britin Ethel Smyth (wir werden ihr später wiederbegegnen), die ihre eigenen Werke dirigieren. Im 20. Jahrhundert besticht Jane Evrard nicht nur damit, dass sie ihr eigenes Ensemble dirigiert, sondern auch, dass sie die Programmplanung sicherstellt, vergessene Werke aufstöbert, das zeitgenössische Repertoire durch die Aufnahme von Uraufführungen fördert, auf die Kohärenz ihrer Konzerte achtet, ihre Musikerinnen anwirbt und anleitet. All diese Arbeit »neben« den Konzerten macht einen integralen Bestandteil des Berufs der Dirigentin aus.

Orchester bedurften schon immer einer Leitung. Aber lange Zeit wurde diese Rolle dem Komponisten eines Stückes anvertraut oder einem Instrumentalisten des Ensembles, häufig dem Geiger oder Cembalisten. Manchmal saß der Komponist selbst an seinem Instrument und konnte durch die bloßen Bewegungen seines Körpers den Rhythmus oder Impulse visualisieren. Ansonsten – vor allem im Barock – wurde das Tempo mit einem großen Stock vorgegeben, mit dem man auf den Boden pochte. Der Komponist Jean-Baptiste Lully bekam das zu spüren: Bei einem Konzert rammte er sich den Stock in seinen Fuß. Die Verwundung kostete ihn das Leben, er starb wenige Tage später an Wundbrand.

Später wurde der Stock – allerdings nicht als Reaktion auf dieses tragische Ereignis – durch ein feines Stöckchen ersetzt. Die Rolle des Dirigenten entwickelte sich mit dem Anwachsen der Orchester. Je wichtiger die Anzahl der Orchestermitglieder wurde, desto schwieriger war es für die hinteren Instrumentalisten, gut zu sehen, wie der Leiter Tempo und Gestaltungsabsichten vorgab. Die Epoche der Romantik hat deshalb den Dirigenten auf ein Podest gehoben – in jedem Sinne des Wortes. Diese so wichtig gewordene Funktion wurde zunächst vom Komponisten selbst eingenommen: Gustav Mahler, Felix Mendelssohn, Ludwig van Beethoven waren auch Dirigenten. Im 20. Jahrhundert tritt der Komponist in den Hintergrund. Diejenigen, die die Werke dirigieren, stehen nun im Rampenlicht, denn man erwartet von ihnen, dass sie der Musik ihre Sichtweise, eine musikalische Intention einhauchen. Dasselbe Werk, von zehn verschiedenen Dirigenten intoniert, klingt jeweils anders. Man versucht also, die schönste Version zu erkennen. Wer aber gibt bei all diesen Interpretationen den Ton an? Außer der Oboe[1] ist es der Dirigent. Wer es schafft, das Werk eines Komponisten, der seit einem Jahrhundert tot ist, im Heute lebendig werden zu lassen, wird zum Star. Das ist die große Epoche Herbert von Karajans, Arturo Toscaninis und Claudio Abbados.

Eine, die völlig auf den Taktstock verzichtet, ist Nadia Boulanger. Schlicht, ganz in Schwarz, ohne Schminke und ohne Juwelen gibt sie 1912 ihr Debüt bei einem Konzert, in dem sie ihre eigenen Werke dirigiert. Während des Krieges gestaltet sie ihre Karriere vornehmlich auf der anderen Seite des Atlantiks weiter aus, mit großen amerikanischen Orchestern wie dem von Philadelphia, New York oder Boston. Manchmal begegnet einem der Name von Antonia Brico, von der behauptet wird, sie sei die erste Dirigentin mit einer internationalen Karriere gewesen; aber diese amerikanische Dirigentin hat nahezu zehn Jahre nach Nadia Boulanger angefangen!

Die Dirigentinnen scheinen sich aufzuteilen in diejenigen, die im Dienste der Musik selbst möglichst vollständig zurücktreten, wie eine Nadia Boulanger, und diejenigen, die glänzen und der Musik Glanz verleihen wollen, wie eine Jane Evrard, die zur glamourösen Seite ihres Berufs steht: »Ich erinnere mich an eine Frage, die mir in meiner Anfangszeit von der Presse gestellt wurde«, berichtet sie in ihren Memoiren (*Regards sur mon passé*, ›Blicke auf meine Vergangenheit‹): »Wie sollte eine Frau am Pult gekleidet sein? Sollte sie in einem etwas männlicheren Anzug am Pult stehen? Oder sollte sie einen nackten Rücken haben? Die Frage war für mich rasch geklärt, da ich nie das Bedürfnis hatte, mich mit männlichen Attributen zu wappnen, sondern immer versuchte, die Weiblichkeit in der Schlichtheit zu bewahren.«

Bevor sie aufs Podest stieg, spielte Jane Evrard im Orchestergraben. So begegnet man ihr am 29. Mai 1913, an jenem Tag, als das Pariser Publikum im gerade eröffneten Théâtre des Champs-Élysées Igor Strawinskys Ballett *Le Sacre du printemps* (*Die Frühlingsweihe*) kennenlernt, in der Choreographie von Vaslav Nijinsky. Das Ensemble des Russischen Balletts von Sergej Djagilev tritt hinter den Vorhang. Am Pult hebt, mit seinem langen Schnurrbart, Pierre Monteux den Taktstock. Ein Fagott-Solo durchbricht die Stille. Wenige Meter vom Fagott entfernt befindet sich Jeanne Poulet. Sie und ihr Ehemann waren vom Dirigenten aufgefordert worden, die Reihen der Geiger zu verstärken. An diesem Abend erlebt die Geigerin einen der größten Skandale der klassischen Musik. Von den ersten Takten an wird das Publikum unruhig, ist skeptisch und erweist sich als störrisch. Die Tänzerinnen und Tänzer beginnen sich zu bewegen, das Orchester intoniert die dissonanten Akkorde des ersten Tanzes, da explodiert der Saal förmlich. Manche Zuschauer verlassen ihn lautstark, andere schreien in Richtung Bühne, auf der die Truppe Djagilevs hilflos weiterzutanzen versucht, ohne hören zu können, was das Orchester spielt. Die gekrümmten Körper der Tänzer stampfen auf den Boden im Rhythmus der Musik, die als primitiv wahrgenommen wird. Der Dirigent macht in dem Tumult so gut es geht weiter.

Die Geigerin ist 20 Jahre alt. Sie hat gerade Gaston Poulet geheiratet, den sie während ihres Studiums am Konservatorium von Paris kennengelernt hat. Ihre künstlerische Karriere beginnt zaghaft. Ihr Ehemann fordert sie ab und zu auf, die zweite Geige in dem 1914 von ihm gegründeten Quartett zu ersetzen, aber vor allem macht sie sich einen Namen als Lehrerin und als Organisatorin von kleinen Kammerkonzerten mit Amateuren. Im Laufe der 1920er Jahre versucht sie ihr Glück im Kino, spielt in mehreren Filmen mit und legt sich ein Pseudonym zu: Jane Evrard. Ihre Karriere kommt in Gang, aber ihr Privatleben zerbricht. Nach der Geburt von zwei Kindern lässt sich das Paar scheiden.

Die Trennung wird ihr ihren Mädchennamen zurückgeben und sie beflügeln. Von dem Musikkritiker Émile Vuillermoz unterstützt, macht sie sich als Dirigentin einen Namen. Sie versammelt einige Schüler und Amateure und organisiert 1930 in Paris ein erstes Konzert. Auf den Plakaten steht ihr Namen in großen Lettern: Jane Evrard. Sie hat ihr Kino-Pseudonym behalten, um den Bruch mit ihrem Leben als Jungvermählte zu unterstreichen wie auch aus kommerziellem Kalkül. Und es funktioniert! Die Kritik ist hingerissen, und die junge Dirigentin entscheidet sich einige Monate später, ihr eigenes Ensemble zu gründen, das Orchestre Féminin de Paris.

In diesem Orchester sitzen an den Instrumenten ausschließlich Frauen. Sehr rasch stellt Jane Evrard fest, dass es sehr schwierig werden wird, ein ganzes Symphonieorchester zusammenzustellen, denn dazu bedarf es zwischen 60 und 80 Mitgliedern. Zu Beginn des 20. Jahrhunderts findet man noch sehr selten Frauen, die ein Blasinstrument spielen, mit Ausnahme einiger Flötistinnen – und für Blechblas- sowie Schlaginstrumente ist das ein unmögliches Unterfangen. Es entsteht also ein Ensemble von Saiteninstrumenten: Geigen, Bratschen, Celli und Kontrabasse (für den Kontrabass gibt es eine einzige Kandidatin). Die Dirigentin wählt unter Studentinnen und Kolleginnen 25 Musikerinnen aus, und das Orchestre Féminin de Paris macht sich rasch einen Namen, erst im Pariser, dann im französischen und europäischen Musikleben.

Jane Evrard hat durchschlagenden Erfolg: Nicht nur, dass sie das Publikum mit diesem hundertprozentig weiblichen Ensemble anlockt, sie bietet auch ein anspruchsvolles und originelles Repertoire. Das Orchester spielt sowohl Alte Musik (von Michel Blavet, Claude Gervaise, Jean-Baptiste Lully, Henry Purcell, Jean-Marie Leclair) als auch zeitgenössische Werke (von Darius Milhaud, Arthur Honegger, Maurice Jaubert, Henry Barraud, Jean Rivier, Maurice Ravel, Florent Schmitt oder Albert Roussel). Aus der Barockmusik lässt Jane Evrard sogar einige vergessene Stücke wieder aufleben wie die *Troisième leçon de ténèbres* (›Dritte Lektion der Finsternis‹) von François Couperin. »Ein unbekanntes Werk, schlimmer: ein totes Werk. Schlimmer als tot: vergessen. Jane Evrard und ihrem Orchestre Féminin de Paris wird die Ehre zukommen, es diesem Vergessen, diesem Tod entrissen zu haben«, begeistert sich ein Journalist der *Revue musicale*. Der belgische Komponist Arthur Hoérée begrüßt die Arbeit von Jane Evrard seinerseits mit folgenden Worten:

> Sich der Musik bedienen und der Musik dienen. Zwei Haltungen, zwei unterschiedliche Ziele. Auf der einen Seite die stereotypen Programme, die effektvollen Werke, das ›Spektakel‹ einer oberflächlichen Ausführung, die grobschlächtigen Erfolg mit sich bringt. Auf der anderen Seite der Wunsch, das Publikum mit Hilfe von unbekannten oder verkannten Werken zu belehren, eine werkgetreue Ausführung, die auf Perfektion zielt und nicht vom persönlichen Erfolg abhängig ist. Das Orchestre Féminin und sein Dirigent [sic!] Jane Evrard dienen der Musik sowohl mit der Qualität des Programms als auch mit der Sorgfalt der Interpretation [...] mit einem Eifer, einer Erhabenheit, einer Selbstlosigkeit, die Respekt und Bewunderung erheischen.

Der Komponist Albert Roussel schuf für das Orchester eine *Sinfonietta*, ein Werk, das am Tag der Uraufführung so begeistert aufgenommen wird, dass das Orchestre Féminin es in seiner Gesamtheit noch einmal spielt. Mit einer Frau an der Spitze eines Ensembles von Musikerinnen hätte man sich in der Programmplanung mehr Werke von Komponistinnen vorstellen können. Manchmal tauchen im Programm Stücke der schweizerischen Cembalistin und Pianistin Marguerite Roesgen-Champion und von Yvonne Desportes auf (die 1932 den *Premier Grand Prix de Rome* gewinnt). Auf der Ebene der Instrumentalistinnen hingegen scheint das Orchester nur sehr selten von den Regeln der geschlechtlichen Homogenität abzuweichen. Das Ensemble bemüht sich um renommierte Solistinnen: Man trifft auf Ginette Neveu an der Geige, Wanda Landowska am Cembalo, Lily Laskine an der Harfe oder auch Geneviève Martinet am Violoncello – eine Traumbesetzung, die das Ensemble auf hohem Niveau vervollständigt.

Vorbei sind die Kommentare über die Kleidung der Instrumentalistinnen und die »schönen muskulösen und geschmeidigen Arme« der Chefin, die Kritik lobt nun den Klang, die Einheitlichkeit und die vollkommene Harmonie dieses außergewöhnlichen Orchesters. Was die Leitung angeht, so ist sie »schlicht und elegant«, Jane Evrard »beherrscht ihr Orchester und die Werke, die sie interpretiert, perfekt«, wie ein spanischer Journalist nach einem 1933 in Barcelona gegebenen Konzert für *La Publicité* schreibt.

Der Zweite Weltkrieg gefährdet die Existenz des Orchestre Féminin de Paris. In der ersten Zeit wendet sich Jane Evrard sozialpädagogischen Projekten zu, die von Jeune France durchgeführt werden, einer Vereinigung, die vom Dezember 1940 an von der Vichy-Regierung genutzt und heftig wegen Kollaboration kritisiert wird. Jeune France bietet Jugendlichen einen Zugang zur Kultur und zu kreativer Tätigkeit. Das Orchestre Féminin de Paris spielt also in Jugendzentren, um, gemäß den Worten von Jane Evrard, »bei jungen Leuten und jungen Mädchen im Alter zwischen 14 und 20 das Verständnis für und die Liebe zur Musik zu wecken«. Diese Maßnahmen richten sich ganz besonders an ein weibliches Publikum, seien es nun Studentinnen oder arbeitslose Frauen. Von Belleville über Versailles bis zu Gennevilliers gibt das Orchester von Jane Evrard fast 50 Konzerte in den Jugendeinrichtungen, bevor man mitten im Arbeitermilieu auf ein neues Publikum trifft. »Von einem langen Arbeitstag ermüdet, können sie nur schwer zur Musik kommen, also muss die Musik sie am Ort ihrer täglichen Arbeit aufsuchen«, meint die Dirigentin des Orchesters. Der Krieg zieht sich hin. Die musikalischen Aktivitäten werden mehr schlecht als recht aufrechterhalten, zumal sich die Reihen der männlichen Orchester lichten. Und welche Talente wären besser geeignet, um diese Lücken zu schließen, als die Musikerinnen von Jane Evrard? Schließlich spielen sie gemeinsam mit Männern und geben ihre ursprüngliche Formation auf: 1942 findet das letzte Konzert des Orchestre Féminin de Paris statt.

Der Krieg verteilt die Karten zwischen Frauen und Männern in den Orchestern neu, aber die Musikwelt braucht Zeit (sehr viel Zeit), bevor sie Dirigentinnen akzeptiert. Zudem macht das Phänomen des Vergessens (das sich auch, wie wir noch sehen werden, bei den Komponistinnen bemerkbar macht) die ersten Dirigentinnen quasi unsichtbar; entsprechend haben alle Frauen, die heute das Podium besteigen, zu Beginn ihrer Karriere das Gefühl, eine Pionierin zu sein, und keineswegs eine stets willkommene. Noch 2013 behauptet der russische Dirigent Wassili Petrenko, dass ein Orchester »besser reagiert, wenn ihm gegenüber ein Mann steht«, vornehmlich weil »eine Frau am Pult die Musiker ablenken würde«. Ein Jahr später erklärt ein anderer Dirigent, Jorma Panula: »Das ist kein Problem, wenn sie die richtigen Werke, eine weibliche Musik wählen. Bruckner und Strawinsky, das wird nicht gehen, aber Debussy, warum nicht. Das ist eine rein biologische Frage.« Frauen am Pult sind »nicht mein Ding«, findet der lettische Dirigent Mariss Jansons, der 2017 in einem Interview bekräftigt, dass er »nichts dagegen« habe, er sei aber eben »in einer anderen Welt aufgewachsen«. In einer Welt von Männern.

Manche Frauen waren es dermaßen leid – nicht das Dirigieren, sondern das Kämpfen –, dass sie nahezu ein Jahrhundert nach der Gründung des Orchestre Féminin de Paris ebenfalls ihre eigenen Ensembles schufen. In Frankreich war das bei Claire Gibault und ihrem 2011 gegründeten Paris Mozart Orchestra der Fall sowie 2012 bei Laurence Equilbey und ihrem Insula Orchestra. Es gibt zudem Initiativen wie den von Claire Gibault ins Leben gerufenen Wettbewerb *La Maestra* für junge Dirigentinnen; aber in Frankreich steckt diese Entwicklung noch in den Kinderschuhen. Im Dezember 2020 wurde Debora Waldman zur Leiterin des Orchestre National Avignon-Provence ernannt: Sie ist die erste Frau, die Generalmusikdirektorin eines französischen Nationalorchesters wurde. Und die Venezolanerin Glass Marcano, die beim Wettbewerb *La Maestra* entdeckt wurde, als sie das Ensemble Le Balcon und dann das Orchestre Symphonique Région Centre-Val de Loire dirigierte, ist die erste schwarze Dirigentin, die in Frankreich auftritt.

Wenn schon die Musikerinnen im Allgemeinen Mühe haben, auf verantwortungsvolle Posten zu gelangen, die Leitung einer Institution zu übernehmen, gespielt zu werden oder einfach auf den Bühnen vertreten zu sein, so ist der Weg für rassifizierte Frauen noch viel beschwerlicher. Auch heute noch werden Vorwürfe der Diskriminierung mit dem Hinweis abgetan, es gebe doch bekannte Musikerinnen, etwa schwarze Sängerinnen; doch diese sind Ausnahmen und fast durchweg Amerikanerinnen.

Ein langer Weg für schwarze Sängerinnen

Im Februar 2021 verkündet Alexander Neef, frisch an die Spitze der Pariser Oper berufen: »Schluss mit der äußerst anfechtbaren Praxis des *blackfacing* und dem Zurechtschminken stereotyper Rollen in allen Produktionen.« Die Entscheidung setzt einem in der Oper weit verbreiteten Phänomen ein Ende: dem Schminken der Sängerinnen und Sänger, wenn sie bestimmte Figuren darstellen, seien sie schwarz, asiatisch oder arabisch. Das Wort *blackface* geht auf eine rassistische Praxis des 19. Jahrhunderts zurück, die darin bestand, sich als Schwarze zu schminken, um auf ihre Kosten Lacher zu erzeugen. Es bezieht sich vor allem auf die Vereinigten Staaten, aber die rassistische Karikatur mit Hilfe des Make-ups ist auch in Europa weit verbreitet, auf der Bühne wie im Kino. In den Opern werden die entsprechenden Figuren auch weiterhin in übertriebener Weise als »exotisch« dargestellt, so etwa der maurische General Othello in der gleichnamigen Oper von Giuseppe Verdi oder Madame Butterfly, die japanische Heroine im Drama von Giacomo Puccini, oder auch Aida, die äthiopische Sklavin in einer anderen Oper von Verdi. Auf die Frage: »Warum stellt man nicht Künstler ein, die diesen Figuren ähneln?«, wird häufig geantwortet, dass Castings nicht aufgrund der Hautfarbe durchgeführt werden, oder ganz einfach (und viel praktischer), dass es keine oder nicht genügend passende Künstler gibt. Der Befund ist beunruhigend, wenn man weiß, dass seit fast zwei Jahrhunderten schwarze Sängerinnen – und in geringerem Maße schwarze Sänger – auf Opernbühnen brillieren, vor allem auf der anderen Seite des Atlantiks.

Bis hierher haben wir die Geschichte der Frauen in der Musik im Wesentlichen mit Blick auf europäische Länder erzählt. Gehen wir nun zu den Vereinigten Staaten über, so lässt sich dort mit der zunehmenden Aufführung klassischer musikalischer Bühnenwerke im 19. Jahrhundert ein Paradox hervorheben: dasjenige eines Landes, in dem brutale Rassentrennung herrschte, in dem man aber die meisten der schwarzen Sängerinnen antrifft, die die Opernszene auf den Kopf stellten.

Eine der Pionierinnen, Elizabeth Greenfield, wird um 1810 als Sklavin in Mississippi geboren und wächst als solche auf (ihr genaues Geburtsdatum ist nicht bekannt). Zu Beginn der 1820er Jahre lässt sich ihre Herrin scheiden und nimmt ihre Sklaven mit nach Philadelphia, wo sie sie freilässt. In dieser Stadt nun beginnt Elizabeth, sich mit Musik zu befassen, zunächst als Autodidaktin, später nimmt sie Unterrichtsstunden bei Miss Price, einer Nachbarin. Ihre Ausbildung vollzieht sich im Geheimen, denn diejenige, die sie freiließ (und bei der sie weiterhin wohnt), eine gewisse Mrs Elizabeth Hollyday Greenfield, steht den Quäkern nahe, einer religiösen protestantischen Bewegung, die einen Kult des Schweigens predigt. Eines Tages organisiert Miss Price bei sich zu Hause ein kleines Konzert. Als Mrs Greenfield die Stimme Elizabeths hört, entscheidet sie sich, ihre ehemalige Sklavin zu ermutigen: Sie zahlt ihr Musikstunden, organisiert private Konzerte und bestimmt für sie einen Teil ihres Erbes. Zu Ehren dieser Frau entscheidet sich die junge Elizabeth, den Namen ihrer Förderin zu behalten.

Sechs Jahre nach dem Tod von Mrs Greenfield, im Jahr 1851, debütiert die Sängerin in Buffalo, im Westen von New York. Vor einem weißen Publikum interpretiert sie ein klassisches Repertoire mit Arien von Bellini, Donizetti oder Händel. Die Presse verleiht ihr den Beinamen »Black Swan«, ›Schwarzer Schwan‹. Ihre Stimme reicht von sehr tief bis sehr hoch (sie umfasst drei Oktaven) und ist von verblüffender Stärke. Sie erreicht noch höhergelegene Noten als ihre große Konkurrentin Jenny Lind. Diese Sängerin mit dem Beinamen »die schwedische Nachtigall«, der auf allen europäischen Bühnen applaudiert wird, reist in den 1850er Jahren in die Vereinigten Staaten, um dort 93 Auftritte zu absolvieren. Hat sich Elizabeth Greenfield von ihrer Kollegin inspirieren lassen? Sie fügt ihren Konzerten jedenfalls mehrere Arien hinzu, die als Hits der schwedischen Sängerin gelten, und organisiert eine Tournee in Europa, unterstützt von der abolitionistischen und feministischen Schriftstellerin Harriet Beecher Stowe. Es gilt als Zeichen großer Wertschätzung, dass die afroamerikanische Sängerin auf Einladung von Queen Victoria ein Konzert im Buckingham-Palast geben darf.

Aber neben diesem Erfolg ist ihr Künstlerinnendasein immer wieder mit Rassismus konfrontiert. Kurz vor ihrer Europatournee singt Elizabeth Greenfield in der Metropolitan Hall von New York, einem riesengroßen Saal, in den 4000 Personen passen. Im Publikum »ist keine farbige Person zugelassen, da dieser Saal keine angemessene Örtlichkeit aufweist«, kann man in der Zeitungswerbung lesen. Keine farbige Person ist erwünscht, auch nicht auf der Bühne, andernfalls drohen Brandanschläge von radikalen Weißen. Nachdem die Polizei die Sicherheitsmaßnahmen erhöht hat, findet das Konzert vor ausschließlich weißen Zuschauern statt. Weil sie nicht vor einem schwarzen Publikum singen konnte, entschuldigt sich Elizabeth Greenfield bei der afroamerikanischen Community und beginnt sich sozial zu engagieren. Sie gibt Konzerte zugunsten von Waisenhäusern und Altersheimen für Schwarze und gründet ein Ensemble, die Black Swan Opera Troupe, damit schwarze Künstler in Opern auftreten können. Nach Jahren des Konzertierens und Unterrichtens stirbt sie 1876.

Fast ein halbes Jahrhundert nach ihrem Tod wird sie immer noch in der Presse erwähnt, wie ein Artikel aus *The Crisis* aus dem Jahr 1921 bezeugt: »Der schwarze Schwan wird oft mit Jenny Lind verglichen, und wenn sie nicht schwarz gewesen wäre, hätte sie leicht eine der größten Sängerinnen ihrer Zeit werden können.« Im selben Jahr wird das Schallplattenlabel Black Swan Record in Erinnerung an die Sängerin gegründet. Es richtet sich an ein schwarzes Publikum und wird von Personen der afroamerikanischen Community verwaltet und finanziert.

Der Tod von Elizabeth Greenfield fällt mit einer Verschärfung der gegen die schwarze Bevölkerung gerichteten Maßnahmen in den USA zusammen. Während verschiedene Amendments in der amerikanischen Verfassung, über die nach dem Sezessionskrieg (1861–65) abgestimmt wurde, der schwarzen Bevölkerung das Wahlrecht und die Staatsbürgerschaft zugestehen, werden von 1877 an im Süden des Landes die sogenannten »Jim-Crow«-Gesetze verabschiedet, die die Weißen strengstens von den Schwarzen trennen. Das Prinzip *separate but equal* (›getrennt, aber gleich‹) gewinnt an Bedeutung: Schwarze und Weiße verwenden nicht dieselben Transportmittel, suchen nicht dieselben Krankenhäuser, Restaurants, Bars, Toiletten oder Konzertsäle auf.

Die Rassentrennung verhindert die Karrieren von einigen schwarzen Sängerinnen, die es wagen, etwas aus dem Opernfach vorzutragen. Ende des 19. Jahrhunderts gelingt es manchen gleichwohl, sich einen Namen zu machen, wie der Sopranistin Maria Welika Williams, der ersten, die 1878 im Weißen Haus singt, oder Mamie Flower mit dem Beinamen Bronze Melba in Anlehnung an die australische Sängerin Nellie Melba (nach der das Dessert Pfirsich Melba benannt wurde). In dieser Generation begegnet man auch Flora Batson, der »farbigen Jenny Lind«, und Sissieretta Jones, der ersten schwarzen Frau, die die Bühne der Carnegie Hall in New York, den Tempel der klassischen Musik, betritt. Letztere trug den Beinamen The Black Patti, eine Hommage an eine andere weiße Sängerin, nämlich Adelina Patti (eine im 19. Jahrhundert sehr berühmte Franko-Italienerin). Diese systematisch verliehenen Beinamen, die die Hautfarbe der Interpretinnen unterstreichen, vertiefen den Graben zwischen weißen und schwarzen Sängerinnen, da Letztere nur als Kopie der Ersteren existieren können.

Aber ein historisches Ereignis erschüttert am 9. April 1939 diese Rassentrennungsgesetze. Die Sängerin Marian Anderson ist damals 42 Jahre alt. 20 Jahre zuvor wurde ihr wegen ihrer Hautfarbe der Zugang zur Musikschule von Philadelphia verweigert. Nachdem sie mehrere Gesangswettbewerbe gewonnen und eine vielversprechende Karriere begonnen hat, wird ihr erneut der Zutritt verwehrt. Ihr Konzert in der Constitution Hall in Washington wird von den Daughters of the American Revolution, den Töchtern der Amerikanischen Revolution, abgesagt, einer Organisation, die diesen Saal für ihren Jahreskongress hat errichten lassen. Die sehr patriotischen Mitglieder müssen eine direkte genealogische Verbindung zu Personen haben, die an der Erlangung der Unabhängigkeit der Vereinigten Staaten mitgewirkt haben. Ihre Devise? »Gott, Heimat und Vaterland.« Patriotinnen sind sie also und Rassistinnen, denn die Töchter der Amerikanischen Revolution lehnen es ab, dass eine schwarze Frau in *ihrem* Saal singt.

Aber die Kontraaltistin erhält wertvolle Unterstützung. Eleanor Roosevelt, die First Lady der Vereinigten Staaten, ist zugleich die Vorsitzende der Töchter der Amerikanischen Revolution. Sie tritt aus der Organisation aus und schlägt Anderson vor, diese solle doch im Freien auf dem Platz vor dem Lincoln Memorial singen, was sich nicht mit einem Konzert in einem Saal, selbst wenn er groß ist, vergleichen lässt. Marian Anderson wird ihr Konzert vor einer Menge von 75 000 Personen geben. Der Staatssekretär des Innenministeriums ergreift das Wort: »Das Genie hat keine Hautfarbe.« Die Sängerin tritt vor ein Dutzend Mikrophone. Sie schließt die Augen und intoniert mit tiefer, feierlicher Stimme die ersten Noten des patriotischen Liedes »America«. Ihr Konzert dauert anderthalb Stunden, darin erklingen Schuberts *Ave Maria* und »O mio Fernando«, eine Arie aus Donizettis Oper *La Favorite*, aber auch einige schwarze Spirituals wie »The Gospel Train« oder »Trampin'«. Die gemischtfarbige Menge jubelt der Sängerin zu, die den Vereinigten Staaten und der ganzen Welt gezeigt hat: Nein, Musik sollte keine Hautfarbe haben. 24 Jahre später wird an diesem Ort eine riesige Menge der Stimme eines Mannes langanhaltenden Beifall spenden: Martin Luther King hält 1963 vor dem Lincoln Memorial seine berühmte Rede: »I have a dream.«

Auch an jenem Tag sollte vor der Rede des Bürgerrechtlers eigentlich Marian Anderson singen. Sie war für ihn eine Quelle der Inspiration, und ihre Stimme hatte seine Kindheit begleitet. Schließlich ist es Camilla Wilson, die die amerikanische Nationalhymne singt, bevor Martin Luther King das Wort ergreift. Ihre Stimme ist höher als die Marian Andersons, aber ebenfalls warm und kraftvoll. Die Sopranistin wird die erste Afroamerikanerin sein, die einen Vertrag mit einem Opernhaus in New York unterzeichnet. Die Opernwelt öffnet tatsächlich vorsichtig ihre Pforten für schwarze Sängerinnen. Zuvor, im Jahr 1955, hat die Metropolitan Opera die Rolle der Ulrica aus Giuseppe Verdis *Un ballo in maschera* Marian Anderson gegeben. Und in Europa lässt die Mailänder Scala 1955 auf Wunsch des Dirigenten Herbert von Karajan die afroamerikanische Sängerin Mattiwilda Dobbs für die Rolle der Elvira in Rossinis *L'Italiana in Algeri* kommen. Carmen, Dido, Venus, Mimi … Nach und nach werden die größten Figuren der Opernwelt mit schwarzen Sängerinnen besetzt, sie erhalten Hauptrollen, und einige werden Stars.

Ist es möglich, alle zu erwähnen, ohne eine zu übergehen? Es gab international bekannte Divas und verborgenere Karrieren. Ein Ranking würde die Vorstellung verstärken, dass all diese Frauen Rivalinnen seien, dass man manche ins Pantheon aufnehmen und andere vergessen sollte. Sprechen wir also von Stimmen, nicht von Karrieren. Da ist zunächst die von Jessye Norman, die 2019 verschied. Ihre dramatische Sopranstimme, die tiefste in dieser hohen Klangfarbenfamilie, ist kraftvoll, tiefgründig und erschütternd, besonders wenn sie die Klage der Dido »When I Am Laid in Earth« aus Henry Purcells Oper *Dido and Aeneas* interpretiert. Man muss sie hören, wie sie diese Arie ganz zurückhaltend, fast murmelnd, anstimmt und schließlich in einem Schmerzensausbruch endet: »Remember me, but ah! Forget my fate« (»Vergiss mich nicht, doch, ach, vergiss mein Los!«), bevor das Orchester das Ende der Königin von Karthago begleitet. Jessye Norman erinnerte häufig in ihren Interviews daran, dass Sängerinnen wie Leontyne Price oder Marian Anderson für sie als Kind Vorbilder waren. Einige Jahre vor ihrem Tod betont sie 2014 in der *Times*, dass »in der Welt die Rassenschranken nicht verschwunden sind«. Und sie zieht den bitteren, aber realistischen Schluss: »Wie kann man dann annehmen, dass die Rassenschranken in der Welt der klassischen Musik und in der Oper verschwunden seien?«

Eine andere afroamerikanische Sängerin hat ebenfalls meisterhaft die Rolle der Dido interpretiert, aber in einer anderen Oper, der von Berlioz. 1973 wartet das Publikum ungeduldig in der New Yorker Metropolitan Opera auf die Aufführung der *Troyens* (*Die Trojaner*) mit der deutschen Sängerin Christa Ludwig in der Rolle der karthagischen Königin. Das Problem: Ludwig wird wohl nicht rechtzeitig eintreffen. Man muss dringend eine Mezzosopranistin finden! Hinter den Kulissen ist die junge Shirley Verrett dabei, ihren Auftritt der Kassandra zu proben. Man kommt auf sie zu und verlangt von ihr das Unmögliche: beide Rollen, die der Kassandra und der Dido, zu interpretieren. Die Sängerin ist einverstanden und erwirbt sich mit dieser Meisterleistung ihren Ruf; letztlich wird sie aber wegen ihrer Stimme zur Legende. Mit einer erstaunlichen Leichtigkeit und einer Beweglichkeit, die es ihr erlaubt, schneller zu werden, die Töne zu halten und vom Unbeschwerten zum Dramatischen zu wechseln, nimmt sie die größten Rollen in Angriff; so auch die der Lady Macbeth in Verdis Oper, einer Figur, die die unsterbliche Maria Callas verkörpert und berühmt gemacht hat – was Shirley Verrett den Beinamen der »schwarzen Callas« einträgt (schlechte Angewohnheiten legt man in einem einzigen Jahrhundert nicht ab). Auf der Bühne kann man auch ihr darstellerisches Können bewundern; sie durchlebt die Szenen, die sie singt, mit einer Ausdrucksvielfalt, die die dramatische Handlung perfekt begleitet.

In ihrem Spiel etwas weniger theatralisch, aber ebenso überwältigend war Leontyne Price; sie rief eine Begeisterung hervor, wie sie nur wenigen Divas vorbehalten ist. Ihr lyrischer Spinto-Sopran, der sich trotz eines umfangreich besetzten Orchesters Gehör verschaffen kann, ging um die ganze Welt, besonders als sie die Aida sang: eine anspruchsvolle Rolle, die ein hohes Durchhaltevermögen erfordert. Wenn sie sich als Aida von ihrem Vaterland mit der melancholischen Arie »O patria mia« verabschiedet, muss man auf die Reinheit ihrer hohen Töne, auf die Perfektion in der Tiefe und auf den samtigen Klang ihrer Stimme achten. Es scheint so, als würde sich in jeden Ton, der aus ihrer Kehle kommt, Honig mischen. Die Stimme von Kathleen Battle wiederum, die leichter ist, aber auch das anspruchsvollste Publikum zu bezaubern wusste, wurde von Herbert von Karajan entdeckt. Der Superstar-Dirigent bot ihr 1987 an, sich mit ihm am traditionellen Wiener Neujahrskonzert zu beteiligen. Das sollte für ihn sein einziger Auftritt bei dieser Veranstaltung sein, vor allem aber das erste Mal, dass eine Sängerin eingeladen wurde, an diesem Hochamt der klassischen Musik teilzunehmen. In knapp zehn Minuten trägt die Stimme Kathleen Battles perlend einen Strauss-Walzer vor (von Johann Strauss, Sohn), sie entfaltet all ihre Möglichkeiten an Leichtigkeit, Trillern und Virtuosität. Der zauberhafte Moment wird vom Publikum frenetisch bejubelt.

All die angeführten Sängerinnen sind Amerikanerinnen. Wo sind die europäischen schwarzen Operndivas? Die einzige im 20. Jahrhundert in Frankreich bekannte heißt Christiane Eda-Pierre. In Fort-de-France auf Martinique geboren, erlebte die Sopranistin eine Karriere auf dem Niveau der größten Sängerinnen ihrer Zeit. Sie konnte vom Barockrepertoire über zeitgenössische Musik bis hin zu den anspruchsvollsten Opernrollen alles singen. Ihr Tod im Jahr 2020 war Anlass für eine Fülle an Lobeshymnen, wodurch die verblüffte Öffentlichkeit erfuhr, dass Frankreich eine schwarze Sängerin mit internationaler Karriere und – man kann es nicht anders sagen – von außergewöhnlicher Begabung hatte. Christiane Eda-Pierre hatte sich 1985 mit einer letzten Produktion, *La clemenza di Tito* (›Die Milde des Titus‹) von Mozart, einem ihrer Lieblingskomponisten, von der Bühne verabschiedet. Die Sängerin befasste sich anschließend weiterhin mit Musik, indem sie unterrichtete. Als Professorin an der Schola Cantorum und am Konservatorium von Paris gab sie bis 1997 Kurse, bevor sie endgültig in den Ruhestand ging und sich bis zu ihrem Ableben vollständig zurückzog. Sie wurde wie alle schon zuvor Genannten zu einem Vorbild für schwarze Künstlerinnen – etwa für Marie-Laure Garnier, die bei den französischen Musikpreisen Victoires de la musique classique 2021 in der Rubrik »Neuentdeckte Opernkünstlerin« den Sieg davontrug. Die

Sopranistin Axelle Fanyo ihrerseits erzählt, sie habe ein Video mit Jessye Norman gesehen, die die *Marseillaise* anlässlich des 200. Jahrestages der Französischen Revolution vor der Bastille singt: »Es war tatsächlich sie, die es mir ermöglichte, zu sagen: Ich, Axelle Fanyo, kann als schwarze Frau an die Oper.«

Langsam treten auch schwarze Instrumentalistinnen in Erscheinung wie die britische Pianistin Isata Kanneh-Mason. Nachdem sie 2019 mit Bravour die Werke von Clara Schumann eingespielt hat, befasst sie sich nun mit George Gershwin, Amy Bach (einer amerikanischen Komponistin), Samuel Barber oder auch dem afroamerikanischen Komponisten Samuel Coleridge-Taylor. Diese keineswegs beliebige künstlerische Auswahl öffnet die klassische Musik für ein Repertoire, das sehr viel breiter angelegt ist als das seit Jahrhunderten gepflegte weiße und männliche.

Playlist 5

Lili Boulanger, *Pie Jesu*

Nadia Boulanger, *Trois pièces pour violoncello et piano*

Clara Haskil spielt die *Sonate für Klavier* Nr. 17 von Ludwig van Beethoven

Jacqueline Du Pré spielt das *Cellokonzert in e-Moll*, Opus 85, von Edward Elgar

Ginette Neveu spielt *Tzigane* von Maurice Ravel

Igor Stravinsky, *Le Sacre du printemps*

François Couperin, *Troisième leçon de ténèbres* (ein von Jane Evrard wiederentdecktes Stück)

Jessye Norman singt »When I Am Laid on Earth«, Arie aus *Dido and Aeneas* von Hector Berlioz

Christiane Eda-Pierre singt »Vous soupirez, Madame / Nuit paisible« aus *Béatrice et Bénédict* von Hector Berlioz

Isatah Kanneh-Mason interpretiert *Deep River* von Samuel Coleridge-Taylor

Florence Price (afroamerikanische Komponistin, 1887–1953), *Symphonie Nr. 1*

6 Die Katastrophen des 20. Jahrhunderts

Die Hoffnung der Frauen darauf, als Musikerinnen schließlich »wie Männer« behandelt zu werden, schwindet in der zweiten Hälfte des 20. Jahrhunderts drastisch. Die Musikwelt tritt in die sogenannte zeitgenössische Epoche ein, die von Strömungen beherrscht wird, welche in Kompositionsregeln und Ästhetik schier erstarren; entweder man unterwirft sich ihnen, oder man wird zum Einzelkämpfer – das Ganze ist ein Hindernisparcours, der sich schon für Männer als schwierig, für Frauen aber als schier nicht bewältigbar erweist. Auf der anderen Seite der Partitur knirschen die wieder männlich gewordenen Orchester mit den Zähnen bei der Vorstellung, ihre Reihen für Musikerinnen zu öffnen. Von den 1950er Jahren an müssen also die Frauen erneut um ihre berufliche Existenz in der Musikwelt und um die Profilierung neuer Pionierinnen kämpfen.

Musikerinnen erobern Orchester

»Musikerinnen für Wien. Die Wiener Philharmoniker werden endlich gemischtgeschlechtlich.« Am 28. Februar 1997 verkündet die *Libération* eine historische Neuigkeit mit einem Vokabular, das eines militärischen Sieges würdig wäre: »Die letzte Männer-Bastion in der Musikwelt ist gestern gefallen, als die 150 Mitglieder des Philharmonieorchesters Wien am Ende einer Vollversammlung beschlossen, Frauen in ihre Reihen aufzunehmen.«

Bei dieser Gelegenheit ist es vor allem eine Frau, die die Schlacht gewinnt: die Harfenistin Anna Lelkes. Nach mehr als 20 Jahren inmitten dieses Ensembles wird die Musikerin, die niemals in einem Programm erwähnt wurde, noch bei einer Fernsehübertragung jemals auf dem Bildschirm erschien (die Techniker hatten die Anweisung, lediglich ihre Hände zu filmen), nun offiziell Mitglied der Wiener Philharmoniker. Die Wiener Institution stellt den extremsten Fall des Ausschlusses von Frauen dar. Ein Jahr vor dieser Öffnung verlautbart ein Flötist in einem Interview, »dass eben die Art, wie hier musiziert wird, nicht nur ein technisches Können ist, sondern sehr viel mit der Seele zu tun hat, und die Seele lässt sich einfach nicht trennen von den kulturellen Wurzeln, dass wir hier im mitteleuropäischen Raum sind, und sie lässt sich auch nicht vom Geschlecht trennen«.[1]

Damit drückt dieser Musiker recht unverhohlen aus, dass das Orchester ein Ort für Männer bleiben soll, insbesondere für weiße Männer. Es dauert eine Weile, bis sich dieses Unter-sich-Sein, auch wenn es nicht mehr offen eingefordert wird, auflöst. Wenige Orchester können sich heutzutage beglückwünschen, mehr Frauen als Männer in ihren Reihen zu haben. Für Frankreich schätzt die jüngste Studie, die auf das Jahr 2018 zurückgeht und bei der mehr als 30 Orchester untersucht wurden, dass der Anteil der Musikerinnen 36 Prozent ausmacht. Die bedeutsamste Entwicklung lässt sich in den Vereinigten Staaten beobachten, nachdem man in den 1970er Jahren das verdeckte Vorspielen eingeführt hat. Beim Vorspielen sind Wandschirme aufgestellt, damit die Jury nicht weiß, wer spielt. In den fünf renommiertesten Orchestern des Landes ist der Anteil der Musikerinnen innerhalb von 20 Jahren von sechs Prozent auf 21 Prozent in den 1990er Jahren gestiegen. Auch in Frankreich verwendet man heutzutage Wandschirme, meist aber werden sie bei der zweiten Runde entfernt oder zumindest beim letzten Vorspiel, damit die Jury die szenische Präsenz der Kandidatin oder des Kandidaten beurteilen kann.

Wie ist es zu diesen Rückschritten in der zweiten Hälfte des 20. Jahrhunderts gekommen? Hat die Musikwelt die vollständig weiblichen Orchester zu Beginn des vorigen Jahrhunderts vergessen? Und die Präsenz von Musikerinnen an den unterschiedlichen Höfen Europas zwei Jahrhunderte zuvor? Der Musikwissenschaftlerin Florence Launay zufolge kam Ende des 19. Jahrhunderts angesichts des Zustroms von Musikerinnen in die Konservatorien erhebliche Nervosität auf. Diese Konkurrenz erschreckte die Männer, die damals befürchteten, nach Beendigung ihres Studiums keinen Platz mehr in den Orchestern zu finden. 1904 wurde ein Ministerialbeschluss in Absprache mit dem Obersten Bildungsrat des Konservatoriums von Paris verabschiedet: Auf zwölf Schüler dürften in jede Saiteninstrumentklasse nicht mehr als maximal vier Frauen aufgenommen werden. Als Reaktion darauf schrieb die – 1898 von der Sufragette Jeanne Oddo-Deflou gegründete – französische Gruppe feministischer Studien an den Minister für öffentliche Bildung und Schöne Künste: »Wir zahlen die Steuern, aus denen sich das Budget der Schönen

Künste speist. Man hat noch nie darüber nachgedacht, die Zahl der steuerpflichtigen Frauen zu beschränken. Da wir bei den Abgaben an die Steuerbehörde genauso viel Platz einnehmen wie die Männer, müssen wir auch genauso viel Platz auf den Schulbänken des Konservatoriums haben.«

Die Antwort des Journalisten und Kritikers Arthur Pougin in der musikalischen Wochenzeitung *Le Ménestrel* ist aufschlussreich. Er behauptet, dass »die Frau nicht die gleiche physische Kraft erwerben kann« und dass »die Stärke der Tonqualität stets zu wünschen übriglässt« – physiologische Begründungen, die sich auf den Mythos vom starken Geschlecht im Gegensatz zum schwachen stützen.

Man stößt auf diese Argumente ein Dutzend Jahre später erneut. 1914 veröffentlicht die Journalistin Mathilde Daubresse ihr Buch *Le Musicien dans la société moderne* (›Der Musiker in der modernen Gesellschaft‹), das, was nicht aus dem Titel hervorgeht, eine Studie über die Karriere von Musikerinnen enthält. In einem Kapitel befragt sie Männer, die in der Musikwelt Einfluss haben, zur Anwesenheit von Frauen im Orchester. Alle bestätigen, dass Frauen, was die künstlerischen Fähigkeiten anbetrifft, die Instrumente genauso gut spielen können wie Männer (uff!), aber manche finden, der Beruf sei zu schwer für sie. Der Komponist und Dirigent Paul Vidal denkt beispielsweise an den Transport der Harfe und bringt vor, dass »das nicht praktisch« wäre; er ergänzt, dass der Beruf schon für die Männer »sehr hart« sei, wie also sollten »die Frauen dem standhalten?« Der Direktor der Pariser Oper André Messager fügt bekräftigend hinzu, »die geforderte Anstrengung [sei] so erheblich, dass sie, trotz all der Beherztheit einer Frau, über deren Durchhaltevermögen« gehe.

Beide Männer beziehen sich auf den Musikerberuf an ihrer Institution, der Oper von Paris. Dort werden jeden Abend bis etwa um Mitternacht Konzerte und Aufführungen gegeben, entsprechend »bedarf es aufseiten des Künstlers bei der Berufsausübung einer körperlichen und nervlichen Anstrengung, die der zartere und weniger robuste weibliche Organismus nicht so leisten kann wie der männliche, das ist unbestreitbar«, behauptet André Messager. In den Augen dieser beiden Männer können sich die Musikerinnen sehr wohl den Konzertgesellschaften anschließen – namhafte Pariser Orchester (Colonne, Pasdeloup, Lamoureux oder die Konzerte des Konservatoriums), die eher am Wochenende tagsüber spielen –, aber die allabendlichen Konzerte in der Pariser Oper oder den großen Theatern der Stadt mit zu gewährleisten, das sei vergebene Liebesmüh. Nur der Komponist Vincent d'Indy, der ebenfalls von der Journalistin befragt wurde, reiht sich bei den Fortschrittlichen ein und glaubt, dass die Frauen in allen Orchestern, welchen auch immer, ihren Platz haben und dass sie in gleicher Weise wie die Männer bezahlt werden sollten.

Die Debatte scheint demnach zu Beginn des 20. Jahrhunderts heftig gewesen zu sein. Die Musikerinnen hatten keine andere Wahl, als zu kämpfen. Einige umgehen das Problem und gründen ihre eigenen Ensembles, wie wir weiter oben gesehen haben. In Frankreich erblickt das Orchestre Féminin de Paris von Jane Evrard das Licht der Welt, aber auch in anderen Ländern bilden sich Formationen, die allein Musikerinnen vorbehalten sind: In England entsteht 1922 das British Women's Symphony Orchestra, gegründet und geleitet von der Violinistin und Dirigentin Grace Burrows. In den Vereinigten Staaten gibt es mehrere Ensembles wie das Boston Women's Symphony, das Women's Symphony Orchestra of Chicago, das Grey Ladies' Orchestra, das Grosvenor Ladies' Quintette oder auch das Orchestrette Classique, ein Kammerorchester, das 1932 von der (ursprünglich belgischen) Geigerin und Dirigentin Frédérique Petrides in New York gegründet wurde. In Deutschland ruft Mary Wurm – eine Schülerin Clara Schumanns – 1898 das erste einzig aus Frauen bestehende professionelle Orchester ins Leben. Und um einiges später etabliert die Kanadierin Ethel Stark die Symphonie féminine de Montréal, die 1940 ihr erstes Konzert gibt. Diese Ensembles sind fast alle während der zwei Weltkriege verschwunden, als die Musikerinnen dazu aufgefordert wurden, die Reihen der männlichen Orchester aufzufüllen.

In diesem Kampf, sich in der klassischen Musikszene zu profilieren, ziehen manche Frauen es vor, ganz direkt vorzugehen und so zu »neuen« Pionierinnen des 20. Jahrhunderts zu werden. In einer ersten Phase konnten lediglich die Geigerinnen und die Harfenistinnen darauf hoffen, einen Platz in einem Orchester zu ergattern. Das war bei Lily Laskine der Fall. Mit 13 Jahren erhielt sie den ersten Preis des Konservatoriums von Paris, und 1909 trat sie dem Orchester der Pariser Oper bei. Als erste Frau, die in dieser hochangesehenen Formation spielte, blieb sie beinahe 20 Jahre … »fest angestellte Ersatzmusikerin«. Erst 1934 wurde sie schließlich im neuen Orchestre national de France zur Soloharfenistin.

Auf der anderen Seite des Atlantiks sind die Pionierinnen immer einen Schritt voraus, auch mit anderen Instrumenten als nur der Geige oder der Harfe. Ellen Stone ist die erste Hornistin, die das Orchester von Pittsburgh zulässt, und Orin O'Brien wird 1966 Kontrabassistin bei den New Yorker Philharmonikern. In Europa zögern die Berliner Philharmoniker noch bis 1982, bis sie eine Frau in ihrer Mitte akzeptieren, die Geigerin Madeleine Carruzzo. Zwei Jahre nach ihrer Ankunft bricht ein offener Konflikt aus. Der Dirigent Herbert von Karajan wünscht sich, dass die Klarinettistin Sabine Meyer als Solistin der Bläsergruppe beitritt. In den 1980er Jahren sind Flötistinnen, Oboistinnen, Fagottistinnen und Klarinettistinnen in den Orchestern eine große Seltenheit. Das Problem: Die Mehrheit der Orchestermitglieder ist dagegen – in der Berliner Tradition treffen Letztere die Mehrheit der Entscheidungen, auch der künstlerischen. Handelt es sich um Misogynie oder Protest gegen den autoritären Musikdirektor? Die Meinungen dazu gehen auseinander; die Musikerin jedenfalls hält es nur ein Jahr aus, bevor sie zusammenbricht, ihre Kündigung einreicht und dann eine brillante Karriere als Solistin beginnt.

Bei diesem Konflikt handelt es sich keineswegs um einen Einzelfall. Die abenteuerliche Geschichte von Abbie Conant beweist das. Sie selbst gibt folgendes Resümee ab: »Wenn ich an diese Münchner Erfahrung zurückdenke, fällt es mir manchmal schwer zu glauben, dass ich die Aggression an dieser Institution überlebt habe. Sie [die Journalistin] beschreiben mein Erlebnis als einen Kampf; es war einer, aber nicht wie eine tumultartige oder sogar chaotische Anreihung von Aggressionen und Konfrontationen. Ich hatte mehr den Eindruck, auf einem Stück Packeis allein im weiten Ozean zu treiben.« 1980 gelangt die amerikanische Posaunistin beim Wettbewerb um den Posten der ersten Posaune in der Münchner Philharmonie auf den ersten Platz, nachdem sich jedes Vorspiel hinter einem Wandschirm vollzog. Sie muss also nur noch ihr wahres Gesicht zeigen und ein Jahr inmitten der Musikformation verbringen, bevor sie fest angestellt wird. Am Ende dieser ordnungsgemäßen Probezeit widersetzt sich jedoch der Generalmusikdirektor Sergiu Celibidache ihrer Ernennung. Anders als Sabine Meyer, die die Unterstützung des

Dirigenten, nicht aber die des Orchesters hatte, wird Abbie Conant von ihren Kollegen akzeptiert. Aber es ist nichts zu machen; auf Anweisung des Generalmusikdirektors schlägt man ihr vor, dem Orchester als zweite Posaune beizutreten. Diese Zurückstufung ist entwürdigend. Anstelle einer Erklärung behauptet Sergiu Celibidache einfach, dass der Platz der Solo-Posaune nur einem Mann zukomme. Abbie Conant gibt nicht nach und verlangt von der Verwaltung eine Begründung, die man dann schließlich findet: Sie habe nicht genügend Atemvolumen. Die Posaunistin steckt nicht zurück und unterzieht sich klinischen Überprüfungen, um erneut ihre Fähigkeit unter Beweis zu stellen, dass sie Soloposaunistin werden kann. Die Kraftprobe dauert 13 Jahre. Dieser lange Kampf endet mit einem Sieg für Abbie Conant, die schließlich doch noch die Stelle der ersten Posaune im Orchester zugesprochen bekommt. Da sie von anderen hochangesehenen Orchestern als Soloposaune angefragt worden ist, verlässt sie schließlich erhobenen Hauptes ihre so mühsam erlangte Stelle in München und geht mit diesem offensiv geführten Gefecht in die Geschichte der Frauen in Orchestern ein.

Diese Art von Anekdoten scheint heutzutage ziemlich veraltet. Aber derartige Ungleichheiten bauen sich nicht in einigen Jahrzehnten ab. Man wischt nicht mit dem Handrücken Jahrhunderte sexistischer Vorurteile und männlicher Vormacht in einem traditionellen und an Normen orientierten Milieu so einfach beiseite. Die Posten der Solisten, die Reihen der Blechbläser und die Schlaginstrumente sind noch immer weitgehend von Männern beherrscht, und bestimmte Dirigenten erlauben es sich immer noch, das Orchester mit einem ebenso absurden wie falschen »Guten Tag, meine Herren« zu begrüßen. Die Orchester verfügen inzwischen jedoch über Garderoben für Musikerinnen, die Bühnenkleidung wurde neu durchdacht, damit Männer und Frauen sich darin wohlfühlen, aber es braucht noch ein wenig Zeit, bis die Orchester paritätisch besetzt sind und die geschlechtliche Zusammensetzung unserer Gesellschaften vollständig widerspiegeln.

Der Rückgang weiblichen Kunstschaffens

In ihrer Zelle schon seit mehreren Tagen eingeschlossen, erwartet die englische Suffragette den Besuch ihres Freundes, des Dirigenten Sir Thomas Beecham. Und wie wäre es, wenn sie ihm einen würdigen Empfang bereitete? In wenigen Minuten ruft die Strafgefangene ein Dutzend ebenfalls gefangener Mitstreiterinnen zusammen und überredet sie, ihr Kampflied »The March of the Women« (›Der Marsch der Frauen‹) anzustimmen. In der Stille des Gefängnisses erheben sich leise die Stimmen.

Shout, shout, up with your song!	Ruft, ruft, heraus mit dem Lied!
Cry with the wind, for the dawn is breaking;	Schreit mit dem Wind, denn der Morgen bricht an;
March, march, swing you along,	Marschiert, marschiert, schwingt Euch auf,
Wide blows our banner, and hope is waking.	Weit weht unser Banner, und Hoffnung erwacht
Song with its story, dreams with their glory	Lied voller Geschichte, Träume voller Glanz
Lo! they call, and glad is their word!	Seht! sie rufen und froh ist ihr Wort!

Auf einem kleinen Hocker stehend, dirigiert die Initiatorin dieses improvisierten Konzerts von ihrer Zelle aus stolz die Musik, indem sie mit ihrer Zahnbürste den Takt schlägt. Von Strophe zu Strophe verleiht der Chor der Suffragetten dem militärisch anmutenden Lied immer mehr Nachdruck. Diese Hymne kennen sie alle aus dem Effeff. In fröhlichen Momenten wie in schweren Zeiten begleitet sie ihren Kampf seit zwei Jahren. Ihre Urheberin? Ethel Smyth, britische Komponistin und an diesem Tag im Jahr 1912 im Gefängnis von Holloway in London die Dirigentin dieses Chors weiblicher Gefangener.

Die sich für die Frauenemanzipation einsetzende Musikerin ist 54 Jahre alt, als sie zu zwei Monaten Gefängnis verurteilt wird. Sie wurde verhaftet, nachdem sie die Fensterscheiben des Kolonialsekretärs »Lulu« Harcourt eingeworfen hatte, einer der Widersacher der feministischen Bewegung in Großbritannien. Der Politiker hatte verkündet, dass er das Wahlrecht für Frauen nur akzeptieren würde, wenn sie alle so intelligent und vernünftig wären wie seine Frau. Ethel Smyth hatte immer ihr Leben der Musik widmen wollen. Aber nachdem sie 30 Jahre darum gekämpft hat, als Komponistin anerkannt zu werden, wobei sie taktische Manöver anwenden musste, um ihre Werke zur Aufführung zu bringen, und ungerechte Kritiken für ihre Musik erhielt, engagiert sie sich nun mit Leib und Seele in der Bewegung der Suffragetten, indem sie ihnen – zu einem Text der Schriftstellerin, feministischen Journalistin und Suffragette Cicely Hamilton – ihren »March of the Women« vermacht sowie zwei weitere Kompositionen: »Laggard Dawn«, ein Lied zur Unterstützung der Frauenrechtlerinnen, und *1910*, ein Werk für Chor und Orchester.

England, ihrem Heimatland, und der klassischen Musik im Allgemeinen hinterlässt Ethel Smyth zudem eine beeindruckende Liste an Werken, unter anderem sieben Opern; mit einer davon, *Der Wald*, wurde erstmals in der Metropolitan Opera von New York eine von einer Frau komponierte Oper aufgeführt. Ethel Smyth schuf außerdem eine beachtenswerte *Messe in D*, ein *Konzert für Violine, Horn und Orchester* und zahlreiche Kammermusikstücke, darunter eine *Sonate für Violine und Klavier*. Als Tschaikowski dieses zuletzt genannte Stück hörte, sagte er der Urheberin eine brillante Karriere voraus. Der russische Komponist behielt recht: Ethel Smyth konnte noch die Widerstrebendsten von ihrer Musik überzeugen; sie gelangte in die Reihe der höchsten Repräsentanten der klassischen Musik in England und wurde 1922 zur *Dame Commander* des *Order of the British Empire* ernannt. Als sie den Ehrentitel erhielt, kämpfte die Komponistin schon zehn Jahre gegen ihre Ertaubung an. Im Gegensatz zu Beethoven, der weiter komponierte, obgleich er nichts mehr hören konnte, suchte die Britin ihre Zuflucht im Schreiben. Sie veröffentlichte ein Dutzend Werke, in denen ihr Kampf als Frau in der Musikwelt immer wieder durchscheint: »Der ganze Umgang der Engländer mit Frauen auf dem Gebiet der Künste ist albern und unzivilisiert. In der Kunst gibt es kein Geschlecht. Wie man Violine spielt, wie man malt oder komponiert, ist das, was zählt.«

Größere feministische Bewegungen machen sich zu Beginn des 20. Jahrhunderts in Europa bemerkbar. Die Suffragetten fordern rechtliche Gleichstellung, die Arbeiterinnen verlangen ihrerseits, indem sie streiken, den gleichen Lohn wie Männer. Auf dem Gebiet der Musik führten, wie man im vorigen Kapitel hat sehen können, diese Forderungen zu Fortschritten, wie der Verleihung des Premier Grand Prix de Rome an Lili Boulanger, der Ernennung erster Dirigentinnen, und man begeisterte sich für weibliche Solistinnen auf den großen Bühnen und Komponistinnen, die die Klassen des Konservatoriums füllten.

Diese guten Voraussetzungen hätten auf ein Jahrhundert hindeuten können, in dem die Frauen schließlich ihren Platz in der Musik finden und nicht nach ihrem Geschlecht beurteilt würden. Wenn sich dieses Szenario so verwirklicht hätte, hätte ich hundert Jahre später dieses Buch nicht mehr schreiben müssen. Aber Simone de Beauvoir erinnert zurecht daran: »Vergesst nicht, es genügt eine politische, ökonomische oder religiöse Krise – und schon werden die Rechte der Frauen wieder infrage gestellt. Diese Rechte sind niemals gesichert.« Und die größte Krise des vorigen Jahrhunderts fand zwischen 1939 und 1945 statt. Sind im Ersten Weltkrieg die Frauen noch für die Männer, die in den Kampf gezogen waren, eingesprungen, so setzt der nachfolgende Konflikt diesem Emanzipationsschub ein rigoroses Ende. Die Frauen müssen die Fabriken, Felder oder Orchester verlassen, in den Haushalt zurückkehren, sich um ihre Ehemänner kümmern und Kinder in die Welt setzen, damit das Land wieder bevölkert wird. Anders gesagt, sie müssen sich wieder auf ihren Status der Ehefrau und Mutter konzentrieren. Gegen Ende der 1940er Jahre lösen sich die Komponistinnen scheinbar in Luft auf, von einigen Ausnahmen abgesehen – allemal weit entfernt vom Scheinwerferlicht. Denn das ganze musikalische Umfeld wendet sich nun den Strömungen der zeitgenössischen Musik zu: Serialismus, Zwölftonmusik, Aleatorik, Minimal Music, Spektralmusik … Hinter diesen ein wenig barbarischen Bezeichnungen verbirgt sich die Idee, mit den seit Jahrhunderten etablierten Kompositionsvorschriften zu brechen. So wie die Schöpfer abstrakter Malerei versuchen die Komponisten nach dem Zweiten Weltkrieg, in ihren Musikwerken die Harmonien aufzulösen und die Verwendung von Noten, Instrumenten und Klängen gänzlich neu zu denken.

Die Ästhetiken sind sehr fraktioniert, es herrscht ein Schubladendenken. Alles, was sich in irgendeiner Weise einem Stil der Vergangenheit (einer barocken, klassischen, romantischen oder impressionistischen Musik) annähert, wird verachtet. Man muss einer der neuen Strömungen angehören, um darauf hoffen zu dürfen, gehört zu werden – oder sich allein durchschlagen. Aber wer steht an der Spitze dieser Formen neuer Musik? Einflussreiche Komponisten wie etwa Pierre Boulez, der die Musikwelt in dieser zweiten Hälfte des 20. Jahrhunderts gestaltet. Niemand sagt ausdrücklich, dass die Frauen von diesen Denkweisen ausgeschlossen wären, aber die meisten sehen sich auf die Rolle der Assistentin im Dienste eines avantgardistischen Genies zurückgedrängt.

Man begegnet ihnen also eher am Rande, etwa im Radio, jenem Medium, das in dieser Zeit enorm expandiert. Die Radiodiffusion-télévision française (RTF), der Vorgänger von Radio France, gründet selbst Orchester und bietet so Komponistinnen wie Komponisten ein riesiges Betätigungsfeld. Bestimmte Programme benötigen eine Hintergrundmusik, andere senden Opern, die eigens für dieses Medium komponiert wurden, nicht zu vergessen die Konzerte, die direkt übertragen werden – so viele Aufträge, auf die sich Komponistinnen wie Elsa Barraine, Yvonne Desportes oder Claude Arrieu stürzen. Dieses Trio war Ende der 1920er Jahre am Konservatorium von Paris in derselben Kompositionsklasse, derjenigen von Paul Dukas, dem wir einen der Hits klassischer Musik verdanken: *L'Apprenti sorcier* (*Der Zauberlehrling*). Zwei aus dem Trio erhielten den Grand Prix de Rome, nämlich Elsa Barraine im Jahr 1929 im Alter von 19 Jahren und Yvonne Desportes drei Jahre später.

Verweilen wir einen Moment lang bei dem unglaublichen Leben der frühreifen Elsa Barraine. Nachdem sie den Preis, das Sesam-öffne-Dich der Musikwelt, gewonnen hat, hält sie sich auf den Spuren von Lili Boulanger in der Villa Medici auf. Bei ihrer Rückkehr nach Frankreich erhält sie den Posten der Gesangsleiterin im Radio, einer Tätigkeit, die darin bestand, vor den Orchesterproben, in diesem Fall mit dem Orchestre national, die Stimmen (der Chöre oder Solisten) auf dem Klavier zu begleiten. Wenn sie Zeit dafür hat, das heißt zwischen Mitternacht und zwei Uhr nachts, komponiert sie; so vollendet sie 1938 ihre zweite Symphonie: »Ich habe sie *Voina* genannt, weil das der Krieg ist [*Voina* bedeutet im Russischen Krieg]. '38 wusste man sehr wohl, dass es Krieg geben würde, man musste schon geistesgestört sein, um das nicht zu bemerken.« Zwei Jahre später verliert sie wegen ihrer jüdischen Herkunft ihren Posten beim Radio, genauso wie ihre Kollegin Claude Arrieu.

Während des Krieges engagiert sich Elsa Barraine in den Netzwerken der Resistance. Sie wird Mitbegründerin des *Front national de la Résistance des musiciens français*, einer sehr aktiven Selbsthilfegruppe, die sie leitet und die die Musikwelt davon abbringen möchte, an den zahlreichen von den Deutschen in Paris organisierten Konzerten teilzunehmen. Elsa Barraine ist außerdem für ihr Engagement in der Kommunistischen Partei bekannt, aus der sie gegen Ende der 1940er Jahre jedoch austritt. Ihr größter Kampf besteht während der deutschen Besatzung darin, dafür zu sorgen, dass sich die Musikwelt die Kollaborateure vom Leib hält. Aus einem 1941 verfassten Brief an den Komponisten Louis Saguer sprechen ihr Temperament und ihre Wut: »Die anderen Musiker sind Schweine, sie sind schon in idiotische Projekte des Korporatismus verstrickt. [...] Typen wie Delannoy, H. Barraud, Auric etc. sind vollkommen hitlerisiert. Die anderen sind auf Irrwegen, indem sie Musik schreiben, die sie nirgends spielen können. Eine düstere Musiktätigkeit. Beethoven. Wagner in den Verbänden, wie vorher, wie immer. Keine wirklich schöne Musikveranstaltung. Nichts. Das ist derart hässlich!«

Kurz vor der Befreiung findet sie als Tonmeisterin zum Orchestre national zurück und komponiert viel – viel fürs Radio, aber auch fürs Kino und fürs Theater. Ihr Name überquert die Grenzen Frankreichs; sie wird in England gespielt, steht dort auf dem Spielplan des Festivals für zeitgenössische Musik. Aber von ihrer Tätigkeit als Komponistin allein kann sie nicht leben. Sie kehrt also als Lehrerin fürs Vom-Blatt-Spielen auf dem Klavier ans Konservatorium von Paris zurück, bevor sie die Nachfolge von Olivier Messiaen als Professorin für Analyse und Komposition antritt. Ihr Leben bietet genug Stoff für einen Roman. Während wir darauf warten, müssen wir mit der vorzüglichen Arbeit von Mariette Thom vorliebnehmen, die ihre geschichtswissenschaftliche Forschung dieser französischen Komponistin gewidmet und die erste umfassende Biographie der Elsa Barraine verfasst hat.

Kann man zwischen den Ästhetiken dieser drei Komponistinnen, die denselben Professor hatten, eine Gemeinsamkeit entdecken? Vielleicht eint sie ein Band: eine bestimmte Form der Freiheit. Denn indem sie sich von den (etwas sektiererischen) großen Strömungen der zeitgenössischen Musik emanzipierten, bahnten sie sich ihren eigenen Weg, allerdings stets mit einem wachsamen Auge für Neuerungen. Dieser Abstand zur Musikwelt hat häufig mit der professionellen wie persönlichen Laufbahn zu tun. Elsa Barraine machte sich mit ihrem starken politischen Engagement viele Feinde, sie war keineswegs überall willkommen. Die Werke der drei Frauen sind entschieden modern, bleiben aber im Gegensatz zu dem, was in der damaligen Zeit als das Innovativste galt, melodisch. Claude Arrieu suchte eine Zeit lang die Nähe zur Konkreten Musik, verlor jedoch schließlich ihr Interesse daran und schuf stattdessen ihre eigene Musiksprache.

Die Konkrete Musik entsteht im Radio, im Versuchsstudio des RTF, wo Pierre Schaeffer nach dem Krieg eine neue Musik erfindet. Im Gegensatz zu schriftlich verfassten und dann interpretierten Werken wird die Konkrete Musik wie eine Collage kreiert, indem man von Klängen und Geräuschen ausgeht, diese aufnimmt, modifiziert und einander überlagern lässt. Sehr bald schon schließt sich Schaeffer eine junge Komponistin an. Ihr Name ist Éliane Radigue. Da sie von diesem Zugang zur Musik fasziniert ist, wird sie ihn für einige Jahre unterstützen, bevor sie denjenigen kennenlernt, der als Vater der elektroakustischen Musik gilt: Pierre Henry. Im Schatten dieser Giganten ist die Komponistin nur eine Zuarbeiterin, eine Assistentin, aber sie lernt viel; schließlich emanzipiert sie sich vom Einfluss dieser Männer und konstruiert zu Hause aus eigenem Material Maschinen mit tausend Knöpfen, die selbst die erfahrensten DJs von heute wohl kaum würden bedienen können. Ihre nahezu meditative Musik erstreckt sich über sehr lange Zeitspannen, die kürzesten Werke dauern 15 Minuten, die längsten über eine Stunde. In ihrem Werk scheint die Zeit stillzustehen oder sich umgekehrt bis ins Unendliche auszudehnen, denn die Veränderungen in den Noten oder Klängen sind kaum wahrnehmbar.

Zu Hause komponieren zu können, ohne ein Orchester, einen Dirigenten, einen Saal überzeugen zu müssen – mit dieser Möglichkeit verführt die elektronische Musik Mitte des 20. Jahrhunderts zahlreiche Komponistinnen, denn sie öffnet die Schranken, vor die sich die Frauen bei der klassischen Musik gestellt sahen. In England, Frankreich, den Vereinigten Staaten oder Deutschland nutzen zahlreiche Frauen diese Chance, manche sind als Expertinnen in ultratechnischen Bereichen Wegbereiterinnen, und sie sind brillant. Daphne Oram, Laurie Spiegel, Suzanne Ciani, Delia Derbyshire, Johanna

Magdalena Beyer, Else Marie Pade, Pauline Oliveros, Alice Schilds, Ruth White, Bebe Barron, Wendy Carlos … ihre Namen glänzten vor Kurzem in Lisa Rovners Dokumentarfilm *Sisters with Transistors*, der all die Frauen zurück ins Zentrum der elektronischen Musik stellt, deren Einfallsreichtum und Kreativität von der Geschichte übergangen wurden – denn es sind Männer, die als Pioniere der Elektronik gerühmt werden. Gleichwohl nutzt bereits im Jahr 1938 – viele Jahre, bevor die Bewegungen der Konkreten und der Elektroakustischen Musik einsetzen – das von Johanna Magdalena Beyer komponierte Werk *Music of the Spheres* ausschließlich elektronische Instrumente. Im gleichen Jahr wird Prokofjews Ballett *Romeo und Julia* zum ersten Mal aufgeführt. Man muss sich die Kluft vor Augen führen, die sich zwischen diesem von einem großen klassischen Orchester gespielten Werk und dieser avantgardistischen Musik der anhaltenden Klänge auftut, die eines Science-Fiction-Films würdig wäre.

Johanna Magdalena Beyer wurde vergessen, trotz der Bemühungen eines gewissen John Cage, der ihre Musik hörte und zu einem glühenden Anhänger von ihr wurde. Das überrascht nicht: Der amerikanische Komponist, ein Schüler Arnold Schönbergs, wird sich später mit Experimenteller Musik befassen. Er ist der Urheber von »4'33''«, einem Stück, in dem der Interpret während vier Minuten und 33 Sekunden … gar nichts interpretiert. Denn John Cage versucht die Bedeutung der Stille aufzuzeigen oder vielmehr der Geräusche, die uns umgeben. Dieser Gedanke wird eine neue Strömung hervorbringen, die minimalistische oder repetitive, die von mehreren amerikanischen Komponisten getragen wird: Steve Reich, La Monte Young, Terry Riley, Philip Glass, John Adams … Am Anfang dieser Bewegung stehen Motive, die unablässig wiederholt werden, wie in einem Trancezustand, in dem sich Klänge und Stimmungen in einem kontinuierlichen Strom von Musik überkreuzen. Über all diese Strömungen hinweg nimmt die zeitgenössische Musik denselben Weg wie die klassische: Frauen sind mit dabei, aber die Regeln dafür werden von Männern gemacht.

Fügen wir dem noch hinzu, dass sich die zeitgenössische Musik einer harten Konkurrenz stellen muss, nämlich derjenigen all der anschließend entstandenen Musikstile (Rock, Pop, Rap, Rhythm 'n' Blues etc.). Sie leidet darunter, dass sie nicht populär genug ist, zu selten gespielt wird, weshalb es für die Komponistinnen noch schwieriger wird, sich damit einen Namen zu machen. In der Neuen Musik müssen sie wieder bei null anfangen – ein weiteres Mal, nichts ist für sie selbstverständlich und gesichert. Aber ihre Schwierigkeiten werden von Ausnahmen verdeckt: Einigen Komponistinnen gelingt es, ihre Werke bekanntzumachen. Man denke an die Franko-Amerikanerin Betsy Jolas, an Meredith Monk, die man manchmal mit der Minimal Music in Zusammenhang bringt, die aber diesen Begriff ablehnt, an Édith Canat de Chizy, die erste Frau, die (im Jahr 2005) an die Académie des Beaux-Arts für die Sparte Musik berufen wird, oder an Kaija Saariaho, deren Oper *L'Amour de loin* (›Die Liebe von weitem‹) 2016 an der Metropolitan Oper von New York aufgeführt wird – 113 Jahre nach *Der Wald* von Ethel Smyth ist dies das zweite Gesangskunstwerk aus der Hand einer Komponistin, das an dieser Institution gespielt wurde.

Wer hat die Frauen aus der Musikgeschichte gelöscht?

Das Publikum im Saal ist sich möglicherweise der Bedeutung des Moments nicht bewusst. Am 6. Juni 2019 befinden wir uns in Besançon. Aufrecht, konzentriert und ungeduldig steht die Dirigentin Debora Waldman vor dem Orchestre Victor Hugo Franche-Comté. In wenigen Sekunden wird eine Musik ertönen, die man noch nie gehört hat. Die Hände der Dirigentin gehen nach oben und falten sich wie zum Gebet. Ihr Blick gleitet über das Orchester hinweg, sie zieht die Augenbrauen hoch, und die ersten tiefen Töne einer *Symphonie in cis-Moll* erklingen im Saal. Diese Symphonie stammt von einer Frau, von Charlotte Sohy.

Debora Waldman berichtet in ihrem (gemeinsam mit der Journalistin Pauline Sommelet verfassten) Buch *La Symphonie oubliée* (›Die vergessene Symphonie‹), wie sie auf Charlotte Sohy stieß, besser gesagt: auf ihren Nachkommen François-Henri Labey, den ersten Fan der Musik seiner 1955 verstorbenen Großmutter. Diese Zusammentreffen verdanken sich nicht dem Zufall, sondern dem Engagement. Zwischen dem Enkel, der Partitur und der Dirigentin tritt als verbindendes Element noch eine Frau auf: Claire Bodin. Als Gründerin und Direktorin des Festivals *Présences féminines* kämpft sie seit mehr als zehn Jahren darum, Werken von Frauen Gehör zu verschaffen. Ihre Programmplanung bringt Künstlerinnen und Musikliebhaberinnen in der Überzeugung zusammen, dass die Komponistinnen ihren Platz im Musikleben des 21. Jahrhunderts haben sollen, selbst wenn man dafür den Weg der positiven Diskriminierung gehen und ausschließlich Frauen ins Rampenlicht stellen muss. Der Energie und der Willensstärke all dieser Personen, die sich für die Wertschätzung weiblicher Kunstschaffender einsetzen, ist es zu verdanken, dass jedes Jahr niemals gehörte Namen und Werke ans Licht kommen. Durch dieses Festival tauchte die genannte Symphonie aus der Versenkung auf, die Charlotte Sohy – trotz ihrer Begabung, ihres gefestigten Rufs und der Unterstützung ihres Mannes – zu ihren Lebzeiten niemals hatte aufführen lassen können.

Für die Dirigentin, die eigentlich keine Unterscheidung zwischen den von Männern oder Frauen komponierten Werken machen wollte, stellte sich die Frage: Wie konnten derart schöne Partituren in Vergessenheit geraten? Denn es gibt unzählige Charlotte Sohys, all diese genialen Musikerinnen, deren Namen wir nicht im Gedächtnis behalten haben. Aber ist das unser Fehler? Oder ein kollektives Vergessen? Wer hat die Frauen aus der Musikgeschichte gelöscht? Auf diese Fragen gibt es keine eindeutige Antwort. Es handelt sich um eine ganze Reihe von mehr oder weniger untersuchten und systematisierten Faktoren, mit deren Hilfe sich Bestandteile einer Erklärung für diese große Auslöschung zusammentragen lassen.

Wir haben in diesem Buch immer wieder gesehen, wie das Patriarchat und die grimmige Misogynie bestimmter Epochen dazu beigetragen haben, die Bedeutung der Frauen in der Musik herabzusetzen (so wurde Hélène de Montgeroult ihrer Klavierschule beraubt), ihnen den Zugang zur Öffentlichkeit zu versperren (Fanny Hensel veröffentlichte unter dem Namen ihres Bruders), ihre Werke nicht anzuerkennen (die Oper von Mademoiselle Le Sénéchal de Kercado wurde verrissen, sobald der Name der Komponistin ans Licht kam) oder auch ihre Leistungen herabzuwürdigen (die Instrumentalistinnen mussten hart um einen Platz in den Orchestern kämpfen). Die expliziten Verbote sind unterschiedlich begründet und reichen vom religiösen Einwand gegen den Gesang bis hin zu moralischen oder medizinischen Vorbehalten gegenüber bestimmten Instrumenten. Aber es ist vor allem, oft nur unterschwellig, eine durchweg männliche Welt, die es ablehnt, ihren Platz mit Musikerinnen und Komponistinnen zu teilen. Die Entwicklung der Statuten des Konservatoriums von Paris illustriert dies: Zwar öffnet die Institution bei ihrer Gründung im Jahr 1795 Studentinnen ihre Pforte, aber zu bestimmten Klassen haben diese keinen Zugang, und schon sehr bald werden Quoten eingeführt, damit Frauen dort nicht zu zahlreich werden. Sie dürfen in den Orgelklassen nicht mehr als ein Viertel der Schüler stellen, und als vonseiten der weiblichen Öffentlichkeit die Nachfrage nach Klavierklassen explodiert, entscheidet die Institution, dass in keiner der beiden Klassen, der der Männer und der der Frauen, mehr als 15 Personen sein dürfen. Nur steigt in den folgenden Jahren die Zahl der Kandidatinnen kontinuierlich weiter an. In der Mitte des Jahrhunderts gibt die Institution nach und eröffnet vier Klassen für die Mädchen und zwei für die Jungen. 1889 konkurrieren 238 Mädchen mit 49 Jungen um die Zulassung zu den Klassen.

Die Klavierschülerinnen nehmen nicht nur einen großen Platz in dieser namhaften Institution ein, sondern gewinnen auch zahlreiche Preise. Zu Beginn des 20. Jahrhunderts eröffnen sich recht erfreuliche Perspektiven für die Musikerinnen und Komponistinnen. Gleichwohl führen Presse und Kritik immer wieder deren Musik auf das Geschlecht zurück. Jeder neue weibliche Name in der Musikszene wird unter die Lupe genommen, hinterfragt und selten geschont. Sobald sich ein Werk von der Vorstellung entfernt, die sich Journalisten und Kritiker von einem weiblichen Stil gemacht haben, wundern sie sich und beäugen die Arbeit der Komponistinnen und Interpretinnen mit Herablassung: Demnach ist Lili Boulanger schüchtern und zart, und Germaine Tailleferre schreibt die Musik »eines jungen Mädchens im erlesensten Sinne dieses Wortes, [Musik] von solcher Lebendigkeit, dass man sagen kann, das ist Musik, die ›gut riecht‹«. Augusta Holmès hingegen wird so charakterisiert: »Der größte Vorzug, den diese Frau voll seltener und edler Veranlagungen anstrebt, scheint die Männlichkeit zu sein, und […] die für sie gefährlichste Klippe ist nicht Schwäche, sondern übermäßige Kraft.« Anders gesagt: Ist ihre Musik die einer Frau, so ist sie sanft, empfindsam, anmutig und nicht mit dem männlichen Werk zu vergleichen; oder sie ist die Musik eines Mannes und damit markant, mächtig, ambitioniert. Wenn man heute sagt, Musik habe kein Geschlecht, geht man darüber hinweg, was die große Mehrheit der Künstlerinnen durchgemacht hat und was heute noch manche Komponistinnen zu erdulden haben. Auch die Musikerinnen, Sängerinnen und Dirigentinnen entgehen dem nicht. Ihre Kleidung, ihre Gestik, ihre Männlichkeit oder ihre Weiblichkeit nehmen mitunter mehr Raum in den Artikeln ein als das eigentlich Bedeutsamste: die Musik.

Ein anderer Aspekt der Auslöschung besteht auch heute noch darin, dass eine Komponistin regelmäßig einzig beim Vornamen genannt wird, was bei einem Mann niemals der Fall wäre. Wie viele Male führte man bei den Männern der *Groupe des Six*[2] ihren Familiennamen mit an (Georges Auric, Louis Durey, Arthur Honegger, Darius Milhaud, Francis Poulenc), während für Germaine Tailleferre der bloße Vorname »Germaine« gebraucht wurde?

Dies ist die Gelegenheit, um mit einigen Sätzen daran zu erinnern, welche Rolle diese Frau in der Musikwelt des 20. Jahrhunderts gespielt hat. Die Anfänge waren nicht leicht, zumal ihr Vater verkündete: »Für meine Tochter läuft es auf dasselbe hinaus, ob sie aufs Konservatorium geht oder auf den Straßenstrich von Saint-Michel.« Aber dank Überzeugungsarbeit, Begabung und Hartnäckigkeit erhält Germaine Tailleferre eine Art von Weihe: Als einzige Frau wird sie Mitglied der *Groupe des Six*, jener Künstler, die zweierlei verbindet – ihre Freundschaft untereinander sowie ihr Widerstand gegen Impressionismus (beispielsweise à la Debussy) und Wagnerismus. Um diese Gruppe herum kreisen Persönlichkeiten wie Jean Cocteau, Guillaume Apollinaire, Marie Laurencin oder Paul Éluard. Germaine Tailleferre verlässt später abrupt dieses Milieu, das leidenschaftlich für Freiheit und Kreativität eintritt, indem sie 1926 den amerikanischen Karikaturisten Ralph Barton heiratet. Dieser ist eifersüchtig und besitzergreifend; er verbietet ihr, die Musik für Charlie Chaplins neuen Film *The Circus* zu schreiben; und bei ihrer Rückkehr aus Frankreich droht er ihr mit Gewalt, als er erfährt, dass sie ein uneheliches Kind erwartet.[3]

Trotz der eindrucksvoll langen Liste ihrer Kammermusikwerke, Opern, Sonaten und Konzerte wurde die Musik von Germaine Tailleferre niemals ernst genug genommen. Wenn man Francis Poulenc zuhört, der 1954 im Radio interviewt wurde, spürt man, dass sie von den Männern nicht als gleichwertig angesehen wurde. Während der Komponist all seine Kollegen der *Groupe des Six* Revue passieren lässt und ihre außergewöhnlichen intellektuellen Fähigkeiten wie auch ihre unermesslichen Musikkenntnisse rühmt, äußert er sich über seine Kollegin folgendermaßen: »1917 war sie bezaubernd, unsere Germaine, mit ihrem Schulranzen voller Konservatoriumspreise. Sie war lieb und begabt. Sie ist immer noch enorm begabt. Aber ich bedauere manchmal, dass sie nicht alles aus sich herausgeholt hat, was beispielsweise eine Marie Laurencin aus ihrem weiblichen Genie zu schöpfen vermochte. Wie auch immer dem sei, was für ein reizender Beitrag ist ihre Musik.« In erster Linie ist die Komponistin demnach bezaubernd, lieb – und dann auch begabt. Dabei hat sie ihrem Vater kräftig die Stirn geboten, erstens, indem sie weiterhin ihrem Studium am Konservatorium nachging, und zweitens, indem sie ihren Familiennamen änderte (das kann man verstehen, ihre Eltern hießen Taillefesse – zu deutsch: Taillehintern): Germaine Tailleferre hatte einen ausgeprägt starken Charakter. Ihr Werk ist nicht vollkommen in Vergessenheit geraten; beim Abitur 2017 stand sie im Wahlfach Musik auf dem Programm.

Die Ausradierung der Frauennamen – durch Heirat oder wegen der Gewohnheit, sie nur bei ihrem Vornamen zu nennen – erschwert die Recherchen. Die paar Musikwissenschaftlerinnen, die sich während der feministischen Bewegung der 1970er Jahre geduldig durch die Archive gewühlt haben, waren mit der Schwierigkeit konfrontiert, die Werke der richtigen Person zuzuordnen, wenn deren Name sich im Laufe der Jahre geändert hatte (von Scheidungen gar nicht zu reden).

Nicht alle sind davon betroffen, denn Lili Boulanger, Mel Bonis, Augusta Holmès, Cécile Chaminade und andere große weibliche Namen vom Ende des 19. Jahrhunderts kann man mühelos finden. Wie konnte man sie also dennoch vergessen? An ihrem Namen lag es nicht; es gab auch kein Problem der Anerkennung, denn ihre Werke wurden von den angesehensten Orchestern gespielt und in den größten Sälen bejubelt; und es lag offenbar auch nicht an ihrer Begabung – die uns erhalten gebliebenen Partituren belegen dies bei jeder neuerlichen Aufnahme und jedem neuen Konzert.

Die Antwort darf man nicht in der Musik, sondern in der Art suchen, wie Geschichte geschrieben wird. Für die Musikwissenschaftlerin Florence Launay markiert die Einführung der Musikwissenschaft zu Beginn des 20. Jahrhunderts insofern einen Wendepunkt in der Musikgeschichte, als sich das Narrativ änderte. Indem sie sich mit einem vermeintlich wissenschaftlichen Ansatz versah, legitimierte die Musikwissenschaft die für wichtig erachteten Werke und Komponisten (aber auf der Grundlage welcher Kriterien?) und schloss dabei die Mehrheit der Komponistinnen aus. Nachdem sie Handbücher, Artikel und der Musikgeschichte gewidmete Werke durchforstet hat, stellt Florence Launay fest, dass zwischen dem 19. und dem 20. Jahrhundert die Frauen aus den Berichten und Programmgestaltungen verschwanden.

Dass es in der klassischen Musik keine Frauen gegeben habe – dieses Problem existierte niemals. Sie waren stets da, aber manchmal nur schwach vertreten, da es ihnen nicht möglich war, Geschichte zu schreiben, sich zu emanzipieren und voll und ganz am Musikleben teilzuhaben. Und wenn manche die Mittel hatten, dies doch zu tun (wie Élisabeth Jacquet de La Guerre, Hélène de Montgeroult, Louise Farrenc, um nur Französinnen anzuführen), dann wurden sie später ausradiert. Louise Farrenc wurde in Nachschlagewerken Ende des 19. Jahrhunderts als »Pianistin und Komponist [sic], Klavierprofessor [sic] am Konservatorium« (*Grand dictionnaire universel du XIXe siècle* von 1872), 1999 aber nur noch als »Pianistin« (*Larousse*) in Verbindung mit dem Namen ihres Mannes aufgeführt, wie Florence Launay in ihrem Buch *Compositrices, l'égalité en actes* (›Komponistinnen, in Taten umgesetzte Gleichheit‹) konstatiert. Man musste also dafür, dass es Frauen in der Musikgeschichte gegeben hatte, zunächst einmal die Beweise finden. Von den 1970er Jahren an stellte eine Bewegung zur Rehabilitierung von Komponistinnen ein ganzes Stück Musikgeschichte wieder her. Es wurden universitäre Forschungen durchgeführt und neue Nachschlagewerke verfasst, wie die *International Encyclopedia of Woman Composers* von Aaron Cohen – eine Art Bibel, die mehr als 6000 Namen aufführt.

Seither muss man die Gründe für diese Auslöschung deutlich machen, damit sie sich nicht wiederholt. Schließlich gab es auch früher schon Versuche, diese verfälschte Geschichte neu zu schreiben und auf die Werke von Frauen aufmerksam zu machen. So wertete man beispielsweise in den Jahren zwischen 1880 und 1890 die weibliche Schaffenskraft nicht nur mit Konzerten auf, in denen Komponistinnen geehrt wurden, man widmete ihnen sogar ein Festival. Ein Jahrhundert später muss man zu denselben Methoden greifen, um Frauen ins Rampenlicht zu stellen. Aber dank der Arbeit der Feministinnen in den 1970er Jahren und der jungen Generation, die heute auf und hinter der Bühne tätig ist, bleibt zu hoffen, dass die Musikgeschichtsschreibung endlich einen gerechteren Weg einschlägt.

Die Geschichte der »Meisterwerke« und der »Genies«, jene der Männer, kann ja weiterhin existieren, aber sie muss von nun an die Frauen mit einschließen. Die Kulturszene muss sich entwickeln und jene vergessenen Partituren und Namen wieder aus der Versenkung holen, die von einer auf ein einziges – nämlich ein männliches – Erbe ausgerichteten Gesellschaft beiseitegeschoben wurden. Die Musik kann von neuen Werken und neuen Erzählungen nur profitieren – eine solche Bereicherung für die Kunst ist zugleich eine für uns, seien wir nun Männer, Frauen, Musikliebhaber, neue Anhänger, Künstler oder einfach männliche wie weibliche Neugierige.

Playlist 6

Lily Laskine interpretiert die *Sonate für Flöte, Bratsche und Harfe* von Claude Debussy

Ethel Smyth, »The March of the Women«

Ethel Smyth, *Messe in D*

Elsa Barraine, *Symphonie Nr. 2*, genannt *Voïna*

Germaine Tailleferre, *Adagio pour violon et piano*

Éliane Radigue, *Trilogie de la mort*

Johanna Magdalena Beyer, *Music of the Spheres*

Kaija Saariaho, *L'Amour de loin*

Charlotte Sohy, *Symphonie in cis-Moll*

Fazit

Wie kann man das Vergessen beheben? Wann kann man sagen, dass die Geschichte rekonstruiert wurde? Und was kann man von den kommenden Jahren erwarten? Vor einer Antwort auf diese Fragen soll zunächst eines festgehalten werden: Trotz des Ausschlusses, des Verbots, der Herabwürdigung, die Frauen jahrhundertelang im Bereich der Musik ertragen mussten, waren sie immer präsent. Dieses Buch, das ihre Geschichte von der Antike bis heute nachzeichnet, ist ein Beweis dafür. Manchmal hat ein Name als Vorbild für Generationen gedient, wie etwa der Sapphos, die niemals aus dem kollektiven Gedächtnis verschwunden ist. Andere Musikerinnen traten zu einem bestimmten geschichtlichen Zeitpunkt in Gruppen auf, bevor sie dann in der Versenkung verschwanden – wie die Trobairitzen in Südfrankreich oder die italienischen Barockkomponistinnen, unabhängig davon, ob sie nun Nonnen oder Aristokratinnen waren; oder auch die Künstlerinnen während der Französischen Revolution, als die Frauenemanzipation für kurze Zeit die Namen der Librettistinnen und Komponistinnen bis in die Spielpläne trug.

Abgesehen von diesen Episoden kollektiver Freiheit waren Musikerinnen häufig Ausnahmen. Als solche entwickelten sie ihre Strahlkraft alleine – wie der mystische Star des Mittelalters, Hildegard von Bingen, die von Ludwig XIV. bevorzugte Cembalistin Élisabeth Jacquet de La Guerre oder die große Pianistin Hélène de Montgeroult. Aber eine umfassende Musikgeschichte beschränkt sich nicht auf die Schicksale in Vergessenheit geratener Komponistinnen. Man musste die Interpretinnen in die Erzählung einfügen – um sich dem Mythos, dem Irrglauben zu entwinden, Sängerinnen seien die einzigen Frauen, die schon immer in der Musikwelt toleriert worden wären (was falsch ist), und um den Kampf der Instrumentalistinnen zu verdeutlichen. Zwar schockiert heute die junge Französin Lucienne Renaudin Vary auf der Bühne mit ihrer Trompete (fast) niemanden mehr, doch war das keineswegs immer so. Die Musikerinnen mussten ihre Erstklassigkeit als Interpretinnen unter Beweis stellen, mussten nachweisen, dass sie Männern ebenbürtig sind, und lange Zeit wurde ihnen der Zutritt zu Konservatorien oder Orchestern verwehrt.

Schließlich musste noch geklärt werden, wie es zu dem plötzlichen großen Einbruch im 20. Jahrhundert kam, dem fast völligen Verschwinden von Frauen aus dem Musikleben, nach dem so vielversprechenden Beginn um 1900. Die konstatierten Fortschritte in den vorigen Jahrzehnten basierten nicht auf einer Emanzipationsbewegung, die seit Jahrhunderten kontinuierlich gewachsen wäre. Es gab Höhen und Tiefen und allemal jenen enormen Rückschritt, der zum Teil mit den beiden Weltkriegen zusammenhing und zur Folge hatte, dass wir heute den Prozentsatz von Frauen in den Spielplänen an den Fingern einer Hand abzählen können. Das Problem lässt sich niemals ganz lösen. Daher die Notwendigkeit, zu kämpfen und von den positiven oder negativen Erfahrungen zu berichten. Manche, die sich in erster Linie als Künstlerinnen und Instrumentalistinnen und dann erst als Frauen verstehen, lehnen es grundsätzlich ab, das Thema Ungleichheit zur Sprache zu bringen. Ich bin hier anderer Meinung: Je mehr Berichte wir über Künstlerinnen haben, die sich ihres Frauseins in einer von Männern dominierten Musikgeschichte bewusst sind, desto eher können wir uns vorstellen, welche Hebel es anzusetzen und welche Barrieren es niederzureißen gilt. Die Präsenz der Frauen in der Welt der klassischen Musik verdankt sich nicht einem selbstverständlichen, quasi natürlichen Prozess. Es brauchte vielmehr Pionierinnen und Kämpferinnen, solche wie Ethel Smyth, die mit feministisch engagierter Haltung für die Komposition eintrat, wie Marian Anderson für die Stimme und die Präsenz schwarzer Frauen auf der Opernbühne, wie Jane Evrard für das Dirigat und Jacqueline Du Pré für Generationen von Cellistinnen.

Ich könnte noch in einem langen Absatz, wenn nicht gar in einem Kapitel all jene anführen, die es wert wären – aber man muss eine Auswahl treffen. Zum Glück sind die Frauen, die nicht in meinem Bericht vorkommen, anderswo sichtbar. Denn ich bin nicht die Einzige, die diesen Kampf austrägt. Vor allem aber gilt: Es gibt Grund zur Hoffnung.

Eine neue Generation tritt auf den Plan mit dem Wunsch, die Sache der Frauen zu unterstützen, für das weibliche Kulturerbe und gegen alle Formen der Diskriminierung zu kämpfen. Die Musikschülerinnen hören von Komponistinnen und möchten sie spielen, die Musikerinnen treten in die Berufswelt ein, gewarnt vor Hemmnissen, denen sie begegnen könnten, die Kompositionskandidatinnen können sich mit den Vorbildern identifizieren, die nun so langsam ins Rampenlicht gerückt werden.

Allerdings kommt für die junge Generation noch ein weiterer Kampf hinzu, und zwar ein nicht unwichtiger: Er betrifft sexuelle und sexistische Gewalt. Diese Geißel war lange Zeit ein Tabu. Wie viele Karrieren sind aufgrund von Aggressionen, Drohungen, Belästigungen, Vergewaltigungen oder Erpressung fehlgeschlagen, wurden abgebrochen oder eingeschränkt? Es ist weiterhin schwer, dergleichen anzusprechen, trotz der #MeToo-Bewegung, die zahlreiche Gesellschaften erschüttert hat. Die klassische Musik hat Mühe, dieses System hinter sich zu lassen, das gegenüber Frauen, seien es Studentinnen oder Berufstätige oder auch solche auf verantwortungsvollen Posten, sehr gewalttätig ist. Aber auch Männer sind von sexualisierter Gewalt betroffen. Eine Gleichheit zwischen den Geschlechtern kann sich nicht einstellen ohne diesen Kampf und ohne ein großes Aufräumen in dem Milieu, in dem lange Zeit bestimmte Personen von ihrer Macht oder ihrer Aura profitiert haben, um sich, sprechen wir es aus, wie Schweine zu benehmen.

Kehren wir zu hoffnungsfroh stimmenden Meldungen zurück, vor allem zu jenen Initiativen, die von engagierten und entschlossenen Personen unter erheblichem Krafteinsatz gestartet wurden. Jede Festivalplanung, bei der die Frage gestellt wird, ob es genügend Frauen auf dem Spielplan gibt, ist ein Fortschritt. Mit jeder Künstlerin und jedem Künstler, die sich entscheiden, ein, zwei oder drei Werke von einer Komponistin in ihr nächstes Album aufzunehmen, wird Terrain hinzugewonnen. Jede Musikhochschule oder jede andere Ausbildungsstätte, die ihre – allgemein Männern gewidmeten – Säle umbenennt, um stattdessen eine weibliche Persönlichkeit aus der Welt der klassischen Musik zu begünstigen, bedeutet einen Schritt nach vorne.

Es gibt bereits eine ganze Reihe von Veranstaltungen, Konzerten, Festivals, Diskussionsrunden, Events, Ausstellungen oder Konferenzen, die den kämpferischen Einsatz von Musikerinnen würdigen – in der Vergangenheit wie der Gegenwart. Die Botschaft kommt an: Den in diesem Bereich tätigen Frauen wird bewusst, dass sie nicht allein sind, und den jüngeren, dass sie eine glänzende und niveauvolle Zukunft verdienen.

Die Medien tragen auf ihre Weise zu dieser Hoffnung bei. Es war ein langer Weg, aber Journalistinnen (wie Anne-Charlotte Rémond von France Musique) haben sich vor einem Jahrzehnt dafür entschieden, gezielt die Werke von Komponistinnen zu senden. Das ist nicht immer einfach, denn es gibt manchmal nur wenige Aufnahmen, und es kostet Zeit, die unter Jahrhunderten vergrabenen Namen und Geschichten aufzuspüren. Aber der Lohn für all diese Anstrengung ist nicht mit Gold aufzuwiegen. Denn dieses Sichtbarmachen setzt Bewegungen in Gang, die vielleicht zunächst unauffällig, aber sinnlich erfahrbar und wirkmächtig sind.

Allerdings gibt es keine mediale Präsenz ohne minutiöse Recherchearbeit. Biographien über Komponistinnen, Veröffentlichungen über Verbote für Frauen in der Musik, Bücher, Kolloquien, Untersuchungen, Dissertationen und andere universitäre Arbeiten haben es mir ermöglicht, dieses Buch zu schreiben. Ich bin darin einem anderen, kritischen Blick auf eine Disziplin begegnet, die ich auf meinem Lebensweg schon immer als männlich wahrgenommen habe. Von dieser Feststellung abgesehen, liefern diese Arbeiten einen unendlichen Reichtum, aus dem sich neue Erzählungen speisen. Wir müssen diese Erzählungen über die universitären Kreise hinaus verbreiten, die Komponistinnen in den sozialen Netzwerken verlinken, das Leben der Interpretinnen früherer Epochen im Kino zeigen und die Musik und die Schicksale dieser Frauen auf die Bühne bringen. Jedes Porträt in diesem Buch verdiente mehr als nur ein paar Zeilen. Diese Geschichten, so hoffe ich, werden weitererzählt und verbreitet.

Dafür müssen wir auf Künstlerinnen aller Disziplinen wie auch auf Entscheidungsträgerinnen zählen können. Einige beteiligen sich bereits an diesem dynamischen Prozess, indem sie die Schwesterlichkeit höher bewerten als die Konkurrenz. Aber die klassische Musik benötigt Verbündete, Männer, die sich bewusst machen, dass dieser Kampf nicht ohne sie geführt werden kann – zumal sie momentan in den Führungspositionen deutlich in der Mehrheit sind, also dort, wo die Entscheidungen über die Zukunft und über die Gegenwart der klassischen Musik getroffen werden.

Meine letzte Hoffnung richtet sich auf Sie, die Leserinnen und Leser dieses Buches. Vielleicht haben Sie noch nie den Namen der einen oder anderen Komponistin gehört, vielleicht aber kennen Sie sie sogar alle sehr gut, haben sie gespielt, gehört, studiert. Vielleicht verbindet Sie nichts mit der klassischen Musik, oder Sie sind ganz darin zu Hause. All dies ist im Grunde egal; wichtig ist vielmehr, wenn Sie das Buch aus der Hand legen, dass es Ihnen Lust darauf gemacht hat, das Werk einer Komponistin zu hören, ein anderes Buch zu diesem Thema zu lesen, der Interpretation einer Musikerin oder der Stimme einer Sängerin zu lauschen. Damit wäre schon ein Schritt hin zu einer neuen Geschichte der klassischen Musik getan.

Anmerkungen der Übersetzerin

Einleitung

1 Clara Schumann, *Jugendtagebücher 1827–1840*, hrsg. von Gerd Nauhaus und Nancy B. Reich, Hildesheim / Zürich / New York: Olms 2019, Eintrag vom 26. 11. 1839, S. 352.

1 Namen und Gesichter

1 Sappho, *Lieder*, griech./dt., hrsg. und übers. von Anton Bierl, Stuttgart: Reclam 2021, S. 59.
2 *Bachelor* (Englisch für ›Junggeselle‹) ist der Titel einer Dating-Fernsehshow.
3 Diane Touliatos-Miles (Hrsg.), *Her Art. Greek Women in the Arts from Antiquity to Modernity*, Frankfurt a. M.: Peter Lang 2011, S. 26.
4 Zitiert nach: https://portal.ub.uni-kassel.de/kup/d/9783737602389, Nachhall – Uni Kassel vom 26. 2. 2024.
5 1165 gründete sie in Eibingen ein Tochterkloster.
6 Hildegard von Bingen, *Im Feuer der Taube. Die Briefe*, erste vollständige Ausg., übers. von Walburga Storch, Augsburg: Pattloch 1997, S. 111.
7 Hildegard von Bingen, *Wisse die Wege – Liber Scivias*, hrsg. von der Abtei St. Hildegard; Neuübers. von Mechthild Heieck, Rüdesheim/Eibingen: Beuroner Kunstverlag 2010, S. 533.
8 Trobairitz ist die weibliche Bezeichnung für Troubadour, den provenzalischen Minnesänger.
9 Das Liederbuch von Béziers ist eine späte, erst gegen Ende des 17. oder zu Beginn des 18. Jahrhunderts entstandene Kopie mittelalterlicher Handschriften mit neu hinzugefügten bildlichen Darstellungen der Trobairitzen; nach Rieger steht die »offensichtlich abschätzige Darstellung in regelrechten Karikaturen« in krassem Gegensatz »zur allgemeinen Wertschätzung [der Künstlerinnen] in der mittelalterlichen Ikonographie«. Angelica Rieger, *Trobairitz. Der Beitrag der Frau in der altokzitanischen höfischen Lyrik. Edition des Gesamtkorpus*, Tübingen: Niemeyer 1991, S. 63 sowie Anmerkung 135.
10 Comtessa de Dia, »Ich hatte große Sorge und Kummer«, in: *Frauenlieder des Mittelalters*, zweisprachig, übers. und hrsg. von Ingrid Kasten, Stuttgart: Reclam 1990, S. 172 f.
11 Comtesse de Dia, »Ich muss singen«, in: *Frauenlieder des Mittelalters*, S. 171.

2 Die Stars des Barock

1 Elisabeth Vigée-Le Brun, *Der Malerin Schönheit ... Erinnerungen der Elisabeth Vigée-Le Brun*, hrsg. von Lina von Meyden, Darmstadt: Luchterhand 1985, S. 180.
2 Die wörtliche Übersetzung lautet: »Was kann man tun?« Da aber später das Possessivpronomen in der ersten Person verwendet wird, muss man sich ein klagendes Ich vorstellen.
3 Text und Übersetzung aus: https://famb.ch/sites/default/files/downloads/k4_19_20_programmheft_famb.pdf vom 19. 2. 2024.
4 Die *Tragédie lyrique* ist eine Gattung der französischen Oper im 17. und 18. Jahrhundert und geht auf Jean-Baptiste Lully zurück.
5 Im damaligen Frankreich wird eine Witwe wieder mit Mademoiselle angesprochen.
6 »écrite« lässt sich im Deutschen mit »geschrieben«, aber auch mit »verfasst« wiedergeben. Es könnte also »geschrieben (oder verfasst) von Madame Bach. Seiner Ehefrau.« heißen.

3 Die Revolutionärinnen der Klassik

1 Der Titel dieses Werks von Pierre Roussel aus dem Jahr 1775 wurde in der deutschen Übersetzung von 1786 mit *Physiologie des weiblichen Geschlechtes* wiedergegeben. Die anderen beiden Titel stammen von Julien Joseph Virey und Lacques Louis Moreau de la Sarthe.
2 Die *Opéra-comique* als besondere Untergattung der Oper (im Unterschied zu der Pariser Institution Opéra comique) entstand im 17. Jahrhundert in Paris und existierte bis ins 19. Jahrhundert. Die einzelnen Musikeinlagen sind nicht durch Rezitative, sondern durch gesprochene Dialoge verbunden. Im Deutschen entspricht dies dem Singspiel bzw. der Spieloper.
3 Der Brief selbst ist in Gedichtform verfasst.
4 Hélène Marquié, Noël Burch (Hrsg.), *Émancipation sexuelle ou contrainte des corps*, Paris: L'Harmattan 2006.
5 Alfred de Musset, *Rondo*, Gedichte übertr. von Wolf von Niebelschütz, Bayreuth: Zhe Bear Press 2005, S. 64.
6 Brief von Franz Liszt an Pauline Viardot vom 5. 2. 1877 (aus Budapest), aus: https://www.deutsche-liszt-gesellschaft.de/franz-liszt/aufsaetze-zu-liszt/ 162-briefwechsel-zwischen-pauline-viardot-garcia-und-franz-liszt?start=2 (Teil 3, Schriftstück 15) vom 20. 2. 2024.

7 Cecilia Bartoli gründete 2007 eine Stiftung ihres Namens, die der Erforschung, Aufführung und Verbreitung von Musik, dem Aufbau von Sammlungen und Ausstellungen dienen soll.
8 Vigée-Le Brun, *Der Malerin Schönheit* ..., S. 79.
9 Leopold Mozart an Maria Anna von Berchthold zu Sonnenburg, 24. 11. 1785; zitiert nach: https://dme.mozarteum.at/DME/briefe/letter.php?mid=1474&cat= vom 25. 2. 2024.
10 *Augsburgischer Intelligenz-Zettel*, 19. 5. 1763, zitiert nach: https://www.maria-anna-mozart.at/maria-anna-mozart/ vom 25. 2. 2024.
11 Wolfgang Amadeus Mozart an seine Schwester, 7. 7. 1770, zitiert nach: Wolfgang Amadeus Mozart, *Briefwechsel und Aufzeichnungen*, hrsg. von Hedwig und E. H. Mueller von Asow, Bd. I: *Familienbriefwechsel 1769–1775*, Lindau: Werkverlag Frisch & Perneder 1949, S. 114.
12 Maria Anna Mozart an ihren Bruder am 28./29. 9. 1777, zitiert nach ebd., Bd. II: *Familienbriefwechsel 1777–1779*, S. 26.

4 Die romantischen Kriegerinnen

1 Die deutschsprachige Musikgeschichte setzt bei der Epochenzuordnung die Schwerpunkte etwas anders. Hier gilt Beethoven als die Krönung der Wiener Klassik und lediglich als ein Vorbereiter der Romantik.
2 Fanny Mendelssohn in einem Brief aus dem Jahr 1822, zitiert nach: *Die Familie Mendelssohn 1729–1847. Nach Briefen und Tagebüchern*, Bd. 1, hrsg. von Sebastian Hensel, achtzehnte, durchges. Auflage, Leipzig: Insel 1924, S. 157.
3 Brief des Vaters an seine Tochter vom 16. 7. 1820, zitiert nach: Sebastian Hensel, *Die Familie Mendelssohn 1729–1847* (2 Bde.), Bd. 1, Berlin: De Gruyter 1921, S. 115 f.
4 Felix an Fanny am 7. 3. 1837, ebd., Bd. 2, S. 42.
5 Felix an seine Mutter am 19. 7. 1842, ebd., S. 209.
6 Felix an seine Mutter am 24. 6. 1837, zitiert nach: *Das verborgene Band. Felix Mendelssohn Bartholdy und seine Schwester Fanny Hensel*, Ausstellung der Musikabteilung der Staatsbibliothek zu Berlin 1997, hrsg. von Hans-Günter Klein, Wiesbaden: Dr. Ludwig Reichert Verlag 1997, S. 16.
7 Monica Klaus (Hrsg.), *Johanna Kinkel. Romantik und Revolution*, Köln: Böhlau Verlag 2008, Fußnote 105.
8 Fanny an Felix, 9. 7. 1846, zitiert nach: Françoise Tillard, *Die verkannte*

Schwester. Die späte Entdeckung der Komponistin Fanny Mendelssohn Bartholdy, übers. von Ralf Stamm, München: Droemersche Verlagsanstalt Th. Knaur Nachf. 1996, S. 498.

9 Tagebucheintrag vom Februar 1847. Zitiert nach: Fanny Hensel, *Tagebücher*, hrsg. von Hans-Günter Klein und Rudolf Elvers, Wiesbaden: Breitkopf & Härtel 2002, S. 274.

10 Aus dem gemeinsamen Tagebuch von Clara und Robert Schumann, Juni 1841, aus: Robert und Clara Schumann, *Ehetagebücher*, hrsg. von Gerd Nauhaus und Ingrid Bodsch, Bonn / Frankfurt a. M.: Stadtmuseum Bonn und Stroemfeld 2007, Clara Schumann, Juni 1841, S. 81.

11 Ebd., Clara Schumann, 11. bis 16. 1. 1841, S. 56.

12 Clara Schumann, *Jugendtagebücher 1827–1840*, hrsg. von Gerd Neuhaus und Nancy B. Reich, Hildesheim/Zürich: Olms Verlag 2019, Eintrag vom 26. 11. 1839, S. 325.

13 *Ehetagebücher*, Robert Schumann, 17. 2. 1843, S. 159.

14 Tagebucheintrag vom 9. 2. 1898 aus: Alma Mahler-Werfel, *Tagebuch-Suiten 1898–1902*, hrsg. von Antony Beaumont und Susanne Rode-Breymann, Frankfurt a. M.: S. Fischer 1997, S. 11.

15 Ebd., S. 195.

16 Gustav Mahler an Alma Schindler vom 19. 12. 1901, zitiert nach: Susanne Rode-Breymann, *Alma Mahler-Werfel. Eine Biographie*, München: Beck 2014, S. 82.

17 Tagebucheintrag vom 20. 12. 1901, zitiert nach: Mahler-Werfel, *Tagebuchsuiten 1898–1902*, hrsg. von Antony Beaumont und Susanne Rode-Breymann, Frankfurt a. M.: Fischer Verlag 2002, S. 745.

18 Dies ist die alte Übersetzung für »Jamais Carmen ne cédera! / Libre elle est née et libre elle mourra!« von Julius Hopp, der unter dem Pseudonym D. Louis in großer Eile die Übersetzung für die deutsche Erstaufführung in Wien im Oktober 1875 vornahm.

19 Catherine Clément, *Die Frau in der Oper. Besiegt, verraten und verkauft*, übers. von Annette Holoch, München: Deutscher Taschenbuch Verlag 1994; Originalausgabe: *L'Opéra ou la Défaite des femmes*, 1979).

20 Zunächst setzte Franz Anton Mesmer das Instrument zur Heilung von Nervenleiden ein, seine Kritiker vertraten hingegen die Auffassung, es zerrütte die Nerven.

21 Erneut aus der Übersetzung von Julius Hopp.

22 Tiresias oder Teiresias ist im Ödipus-Mythos der Name des blinden Sehers.

23 Vgl. Carl Friedrich Junker (1748–1797), »Vom Kostüm des Frauenzimmer Spielens«, 1783.

5 Die selbstbewussten Modernen

1 Seit dem 19. Jahrhundert wird traditionell vor Proben oder dem Beginn einer Aufführung der sogenannte Kammerton a' (auf dessen genaue Frequenz man sich international bislang nicht hat einigen können) von der Oboe angegeben und vom Konzertmeister (der ersten Geige) übernommen, der wiederum den Ton an das Orchester weiterreicht.

6 Die Katastrophen des 20. Jahrhunderts

1 Zitiert nach http://www.osborne-conant.org/wdrgerm.htm vom 6. 2. 2024; unter dem Titel »Musikalische Misogynie« ist hier ein Interview mit Mitgliedern der Wiener Philharmoniker transkribiert, das in der Sendung *Musikpassagen* im WDR-Radio 5 am 13. 2. 1996 ausgestrahlt wurde.

2 Diese Gruppe war zu Beginn des 20. Jahrhunderts ein loser Zusammenschluss der oben genannten fünf Komponisten und der einen Komponistin Germaine Tailleferre.

3 Diese erste Ehe wird schon 1930 geschieden, doch auch der zweite Ehemann ist auf ihren Erfolg eifersüchtig.

Quellen

Weiterführend finden Sie hier einige audiovisuelle und frei zugängliche Online-Quellen und Datenbanken, die mehrheitlich französischsprachig sind.

L'Opéra et ses Zouz, Deutsch: *Kurz und gut*; hier werden Opernhandlungen zusammengefasst (auf YouTube).
La Boîte à pépites, Recording women composers (in Französisch und Englisch auf YouTube).
Cherchez la femme, Podcast über die Frauen und die Musik, von Flore Benguigui (Tsugi Radio).
Musicopolis, eine von Anne-Charlotte Rémond produzierte Sendung (France Musique).
Musiciennes de légende, eine von Marina Chiche produzierte Sendung (France Musique).
Pionnières, eine von Clémentine Spiler produzierte Sendung (Radio Nova).

ComposHer, Website mit Informationen über Komponistinnen: www.composher.com.
Demandez à Clara, Online-Datenbank der Vereinigung Présence compositrices: www.presencecompositrices.com/recherche-compositrice.
Interaktive Karte der Komponistinnen, von der Musikwissenschaftlerin Sakira Ventura: www.svmusicology.com/mapa/.
Women Composers by Time Period, Zeitstrahl in dem Online-Musiklexikon Oxford Music Online: www.oxfordmusiconline.com/page/women-composers-by-time-period.

Musiciennes à Ouessant, 2001 (!) von Lydia Jardon ins Leben gerufenes Festival.
Présence compositrices, Festival, Zentrum für Förderung und Gleichbehandlung.
ELLES *chantent, composent, dirigent*, Festival in Vézelay.
Journées du matrimoine, organisiert von den Vereinen HF: égalité Hommes-Femmes.
Plurielles 34, Verein.
Femmes et musique, Verein.

La Maestra, Wettbewerb für Dirigentinnen.
Paye ta note; *Paye ton opéra*; *Change de disque*; *Diva*; *#MusicToo*: Online-Initiativen gegen Sexismus in der Musikwelt.

Literaturverzeichnis

Allgemeine Werke

Beauvoir, Simone de: Das andere Geschlecht. Sitte und Sexus der Frau. Übers. von Eva Rechel-Mertens und Fritz Montfort. Reinbek bei Hamburg: Rowohlt, 1951.

Détrez, Christine: Les femmes peuvent-elles être de Grands Hommes? Paris: Belin, 2016.

Duby, Georges / Perrot, Michelle (Hrsg.): Geschichte der Frauen. 5 Bde. Frankfurt a. M. / New York: Campus, 1993–95.

Fraisse, Geneviève: Muse de la Raison. Démocratie et exclusion des femmes en France. Paris: Gallimard, 1995.

– La Suite de l'histoire. Paris: Seuil, 2019.

Gazalé, Olivia: Le Mythe de la virilité. Un piège pour les deux sexes, Paris: Robert Laffont, 2017.

Giron-Panel, Caroline / Deutsch, Catherine (Hrsg.): Pratiques musicales féminines. Discours, normes, représentations. Paris: Symétrie, 2016.

Giron-Panel, Caroline [u. a.] (Hrsg.): Musiciennes en duo. Mères, filles, sœurs ou compagnes d'artistes. Paris: Presses universitaires de Rennes, 2015.

Launay, Florence: Les musiciennes. De la pionnière adulée à la concurrente redoutée. Bref historique d'une longue professionnalisation. In: Travail, genre et sociétés. 2008.

Lecoq, Titiou: Les Grandes Oubliées. Pourquoi l'Histoire a effacé les femmes. Paris: L'Iconoclaste, 2021.

Marcel-Berlioz, Laure / Corlaix, Omer / Gallet, Bastien (Hrsg.): Compositrices. L'égalité en acte. Paris: CDMC et Éditions MF, 2019.

McClary, Susan: Ouverture féministe. Musique, genre, sexualité. Übers. von C. Deutsch und S. Roth. Paris: Philharmonie de Paris, 2015. [Originalausgabe 1991.]

Nochlin, Linda: Warum gab es keine großen Künstlerinnen? Essays 1971–1999. Übers. von Margot Fischer. Wien: Marsyas 2023.

Perrot, Michelle: Les Femmes ou le Silence de l'Histoire. Paris: Flammarion, 1998.

Peyre, Évelyne / Wiels, Joëlle: De la »nature des femmes« et de son incompatibilité avec l'exercice du pouvoir. Le poids des discours scientifiques depuis le xviiie siècle. In: Les Cahiers du CEDREF, 1996.

Pieiller, Évelyne: Musique maestra. Le surprenant mais néanmoins véri-

dique récit de l'histoire des femmes dans la musique du xviie au xixe siècle. Paris: Plume, 1992.
Prat, Reine: Exploser le plafond. Précis de féminisme à l'usage du monde de la culture. Paris: Rue de l'Échiquier, 2021.
Ravet, Hyacinthe: Musiciennes. Enquête sur les femmes et la musique. Paris: Autrement, 2011.
– / Cacouault-Bitaud, Marlaine: Les femmes, les arts et la culture. Frontières artistiques, frontières de genre. In: Travail, genre et sociétés, 2008.
Rodgers, Tara: Pink Noises. Women on Electronic Music and Sound. Durham: Duke University Press, 2010.
Roster, Danielle: Die großen Komponistinnen. Lebensberichte. Frankfurt a. M.: Insel, 1998.
Ross, Alex: The Rest Is Noise. Das 20. Jahrhundert hören. München/Zürich: Piper, 2013.
Tauzin, Aline (Hrsg.): Musique, femmes et interdits. Paris: Ambronay Éditions, 2013.
Traversier, Mélanie / Ramaut, Alban (Hrsg.): La musique a-t-elle un genre? Paris: Éditions de la Sorbonne, 2019.
Vuillermoz, Émile: Histoire de la musique. Paris: Le Livre de poche, 1949.
Weissweiler, Eva: Komponistinnen aus 500 Jahren. Eine Kultur- und Wirkungsgeschichte in Biographien und Werkbeispielen. Frankfurt a. M.: Fischer, 1981.
Woolf, Virginia: Ein Zimmer für sich allein. Übers. von Heidi Zerning. Frankfurt a. M.: Fischer, 2020. [Originalausgabe 1929.]

1 Namen und Gesichter

Aguilera, Delphine: Femmes poètes du Moyen Âge. Les trobairitz. Paris: L'Harmattan, 2012.
Arribas, José Miguel Lorenzo: Mères, muses et religieuses: transmission musicale et magistère féminin au Moyen Âge. Übers. von M. Yusta. In: Clio. Histoire, femmes et sociétés, 2002.
Bec, Pierre: Chants d'amour des femmes-troubadours. Paris: Stock, 1995.
Bingen, Hildegard von: Im Feuer der Taube. Die Briefe. Erste vollständige Ausgabe. Übers. von Walburga Storch. Augsburg: Pattloch, 1997.
– Wisse die Wege. Liber Scivias. Übers. von Mechthild Heieck. Rüdesheim/Eibingen: Beuroner Kunstverlag, 2010.
– Ursprung und Behandlung der Krankheiten. Causae et Curae. Übers. von Ortrun Riha. Rüdesheim/Eibingen: Beuroner Kunstverlag, 2011.

Bogin, Meg: The Women Troubadours. New York: W. W. Norton, 1980.
Bouquet, Stéphane / Appel, Rosaire: Sappho. Paris: Philharmonie de Paris, 2021.
Calame, Claude: La poésie de Sappho aux prises avec le genre. Polyphonie, pragmatique et rituel (à propos du fr. 58b). In: Quaderni Urbinati Di Cultura Classica. Paris: Fabrizio Serra Editore, 2013.
Deutsch, Catherine: Musique et eccellenza delle donne. Les musiciennes dans les catalogues de femmes illustres en Italie, de Boccace à Cristofano Bronzini, dans Revisiter la »querelle des femmes«. In: Discours sur l'égalité/inégalité des sexes en Europe, de 1400 aux lendemains de la Révolution. Paris: Presses universitaires de Saint-Étienne, 2011.
Fautrier, Pascale: Hildegarde de Bingen. Un secret de naissance. Paris: Albin Michel, 2018.
Föllmi, Beat: »L'ennemi est tombé, vaincu par une femme.« La compositrice byzantine Kassia (ixe siècle) et ses hymnes, dans 3e colloque des Journées de musiques anciennes. In: Elles. Musique et féminités. 2015.
Frauenlieder des Mittelalters. Übers. und hrsg. von Ingrid Kasten. Stuttgart: Reclam, 1990.
Guillemette, Aurore / Clause, Aurélien: Sapphô, la dixième muse. Traduction de l'intégralité des fragments saphiques. Paris: Guillemette, 2016.
Iriarte, Ana: Chanter, enchanter en Grèce ancienne. À propos de Sappho, femme poète et dixième muse. In: Clio. Histoire, femmes et sociétés, 2007.
Jullian, Martine: Images de trobairitz. In: Clio. Histoire, femmes et sociétés, 2007.
Kassia: I en polles amarties. https://portal.ub.uni-kassel.de/kup/d/9783737602389. Zuletzt besucht am 26. 2. 2024.
Paden, William D.: The Voice of the Trobairitz. Perspectives on the Women Troubadours. Philadelphia: University of Pennsylvania Press, 1998.
Ragnard, Isabelle: Musiciennes en duo. Les jongleresses au Moyen Âge: seules ou accompagnées? Paris: Presses universitaires de Rennes, 2015.
Rieger, Angelica: Trobairitz. Der Beitrag der Frau in der altokzitanischen höfischen Lyrik. Edition des Gesamtkorpus. Tübingen: Niemeyer, 1991.
Rokseth, Yvonne: Les femmes musiciennes du xiie au xive siècle. In: Romania 61 (1935) H. 244.
Santy, Sernin: La Comtesse de Die. Sa vie, ses œuvres complètes, les fêtes données en son honneur, avec tous les documents. Paris: Alphonse Picard et fils, 1893.
Sappho: Lieder. Griechisch/Deutsch. Hrsg. und übers. von Anton Bierl. Stuttgart: Reclam, 2021.

Schneider, Katherine: Bold, Beautiful, and Byzantine. A Brief Study of the Life and Poetry of Kassia the Nun. www.mezzocammin.com.
Touliatos-Miles, Diane (Hrsg.): Her Art. Greek Women in the Arts from Antiquity to Modernity. Frankfurt a. M.: Peter Lang, 2011.
Vendries, Christophe: Masculin et féminin dans la musique de la Rome antique. In: Clio. Histoire, femmes et sociétés, 2007.

2 Die Stars des Barock

Cessac, Catherine: Élisabeth Jacquet de La Guerre. Une femme compositeur sous le règne de Louis XIV. Paris: Actes Sud, 1995.
Cusick, Suzanne G.: Francesca Caccini at the Medici Court. Music and the Circulation of Power (Women in Culture and Society). Chicago: University of Chicago Press, 2015.
Giron-Panel, Caroline: Enfants prodiges, génies en devenir. Former les enfants à la musique dans les ospedali de Venise (xviie-xviiie siècle). In: Mélanges de l'École française de Rome. Italie et Méditerranée modernes et contemporaines, 2011.
Jarvis, Martin: Written by Mrs Bach. The Amazing Discovery That Shocked the Music World. Sydney: ABC Books, 2011.
Ross, Alex: The Search for Mrs. Bach. In: The New Yorker. 2014.
Vigée-Le Brun, Élisabeth: Die Schönheit der Malerin … Erinnerungen der Elisabeth Vigée-Lebrun. Hrsg. von Lina von Meyden. Darmstadt: Luchterhand, 1985.

3 Die Revolutionärinnen der Klassik

Barbier, Patrick: Histoire des castrats. Paris: Grasset, 1989.
Buser, Catherine / Biamonte, Francesco: »Le xviiie, époque bénie pour les compositrices d'opéra«, gesammelte Äußerungen aus der Sendung Versus-écouter. RTS Culture, 2018.
Charbonnier, Rita: Mein liebes Fräulein Mozart. Roman. Übers. von Michael von Killisch-Horn. Rheda-Wiedenbrück/Gütersloh: RM-Buch-und-Medien-Vertrieb, 2006.
Diderot, Denis: Über die Frauen. Übers. von Katharina Scheinfuss. Leipzig: Seemann, 1968. [Originalausgabe 1772.]
Dorival, Jérôme: Hélène de Montgeroult. La Marquise et la Marseillaise. Paris: Symétrie, 2006.
Friang, Michèle / Germain, Pierrette: Louise Bertin, compositrice, amie de Victor Hugo. Paris: Delatour France, 2019.

La France, Albert: Les femmes musiciennes sous les Bourbon d'après les documents inédits de Marie Bobillier. In: Revue de musique des universités canadiennes, 1995.
Launay, Florence: L'éducation musicale des femmes au xixe siècle en France. Entre art d'agrément, accès officiel à un enseignement supérieur et professionnalisation, dans Genre & Éducation. Former, se former, être formée au féminin. Paris: Presses universitaires de Rouen et du Havre, 2009.
Letzter, Jacqueline / Adelson, Robert: Écrire l'opéra au féminin. Compositrices et librettistes sous la Révolution française. Paris: Symétrie, 2017.
Marquié, Hélène / Burch, Noël (Hrsg.): Émancipation sexuelle ou contrainte des corps. Paris: L'Harmattan, 2006.
Mozart, Wolfgang Amadeus: Briefwechsel und Aufzeichnungen. Hrsg. von Hedwig und E. H. Mueller von Asow. Bd. I: Familienbriefwechsel 1769–1775. Bd. II: Familienbriefwechsel 1777–1779. Lindau: Werkverlag Frisch & Perneder, 1949.
– Briefe. https://dme.mozarteum.at/DME/briefe/letter.php?mid=1474&cat=.
Musset, Alfred de: Rondo. Gedichte übertr. von Wolf von Niebelschütz. Bayreuth: Zhe Bear Press, 2005.
Pas, Christine de: Madame Brillon de Jouy et son salon. Une musicienne des Lumières, intime de Benjamin Franklin. Paris: Petit Page, 2014.
Polome, Anne-Marie: Maria Anna Walburga Ignatia Mozart, la sœur de Mozart. www.crescendo.de. 2020.
Rieger, Eva: Nannerl Mozart. Das Leben einer Künstlerin. Frankfurt a. M. / Leipzig: Insel, 2005.
Salm, Constance de: Épître aux femmes. Paris: Desenne, 1797.
Traversier, Mélanie: L'Harmonica de verre et Miss Davies. Essai sur la mécanique du succès au Siècle des Lumières. Paris: Seuil, 2021.
White, Frances: The Quiet Genius of Maria Anna Mozart. www.historyanswers.co.uk. 2019.

4 Die romantischen Kriegerinnen

Brochot, Jeanne: Mel Bonis. Souvenirs et réflexions. Paris: Nant d'Enfer, 1974.
Clément, Catherine: Die Frau in der Oper. Besiegt, verraten und verkauft. Übers. von Annette Holoch. Stuttgart: Metzler, 1992.
Conant, Abbie: Making Statements. An Interview with Abbie Conant. www.brasschicks.com. 2018.

Ellis, Katharine: The Fair Sax. Women, Brass-Playing and the Instrument Trade in 1860s Paris. In: Journal of the Royal Musical Association, 1999.

Friang, Michèle: Augusta Holmès ou la Gloire interdite. Une femme compositeur au xixe siècle. Paris: Autrement, 2003.

Hensel, Fanny: Tagebücher. Hrsg. von Hans-Günter Klein und Rudolf Elvers. Wiesbaden: Breitkopf & Härtel, 2002.

Hensel, Sebastian: Die Familie Mendelssohn. 1729–1847. 2 Bde. Berlin: De Gruyter, 2021.

Jardin, Étienne (Hrsg.): Mel Bonis. Parcours d'une compositrice de la Belle Époque. In: Actes Sud et Palazzetto Bru Zane, 2020.

Junker, Carl Friedrich: Vom Kostüm des Frauenzimmer Spielens. In: Musikalischer und Künstler-Almanach auf das Jahr 1784. Freyburg 1784. S. 85–99.

Klaus, Monica (Hrsg.): Johanna Kinkel. Romantik und Revolution. Köln: Böhlau Verlag, 2008.

Klein, Hans-Günter (Hrsg.): Das verborgene Band. Felix Mendelssohn Bartholdy und seine Schwester Fanny Hensel. Ausstellung der Musikabteilung der Staatsbibliothek zu Berlin 1997. Wiesbaden: Dr. Ludwig Reichert Verlag, 1997.

La Tour, Louise Héritte de: Une famille de grands musiciens. Souvenirs sur García, Pauline Viardot, la Malibran, Louise Héritte-Viardot et leur entourage. Paris: Stock, 1923.

Launay, Florence: Les Compositrices en France au xixe siècle. Paris: Fayard, 2006.

Legras, Catherine: Louise Farrenc, compositrice du xixe siècle. Musique au féminin. Paris: L'Harmattan, 2003.

Lépront, Catherine: Clara Schumann. Künstlerleben und Frauenschicksal. Übers. von Alexandra von Reinhardt. München: Heyne, 1989.

Mahler-Werfel, Alma: Tagebuch-Suiten 1898–1902. Hrsg. von Antony Beaumont und Susanne Rode-Breymann. Frankfurt a. M.: S. Fischer, 1997.

Proust, Jean-Marc: Échafaud pour sopranos. Paris: Slate, 2010.

Ravet, Hyacinthe: Musiciennes. Enquête sur les femmes et la musique. Paris: Autrement, 2011.

Reich, Nancy B.: Clara Schumann. Romantik als Schicksal. Übers. von Irmgard Andrae. Reinbek bei Hamburg: Rowohlt, 1995.

Rode-Breymann, Susanne: Alma Mahler-Werfel. Eine Biographie. München: Beck, 2014.

Sauvat, Catherine: Alma Mahler. Et il me faudra toujours mentir. Paris: Payot & Rivages, 2009.

Sax, Alphonse: Gymnastique des poumons. La musique instrumentale au point de vue de l'hygiène et la création des orchestres féminins. Paris: Sax, 1865.
Schumann, Clara: Jugendtagebücher 1827–1840. Hrsg. von Gerd Nauhaus und Nancy B. Reich. Hildesheim / Zürich / New York: Olms, 2019.
– / Schumann, Robert: Ehetagebücher. Hrsg. von Gerd Nauhaus und Ingrid Bodsch. Bonn / Frankfurt a. M.: Stadtmuseum Bonn und Stroemfeld, 2007.
– The Complete Correspondence of Clara and Robert Schumann. Frankfurt a. M. [u. a.]: Peter Lang, 1996.
Seydoux, Hélène: Les Femmes et l'Opéra. Paris: Ramsay, 2004.
Tillard, Françoise: Die verkannte Schwester. Die späte Entdeckung der Komponistin Fanny Mendelssohn Bartholdy. Übers. von Ralf Stamm. München: Kindler, 1994.

5 Die selbstbewussten Modernen

Anderson, Marian: Mein Leben. Übers. von Elisabeth Mosberger. Wien/Stuttgart/Zürich: Frick, 1960.
Ault, Alicia: How Marian Anderson Became an Iconic Symbol for Equality. In: Smithsonian Magazine, 2019.
Gustafson, Adam: The Story of Elizabeth Taylor Greenfield, America's First Black Pop Star. www.theconversation.com. 2017.
Hamer, Laura: On the Conductor's Podium. Jane Evrard and the Orchestre Féminin de Paris. In: The Musical Times, 2011.
Monsaingeon, Bruno: Ich denke in Tönen. Gespräche mit Nadia Boulanger. Übers. von Joachim Kalka. Berlin: Berenberg, 2023.
Noriega Rachwal, Maria: Feminizing the Stage. Early Lady Orchestras and Their Maestras. In: The Kapralova Society Journal, 2016.
Spycket, Jérôme: À la recherche de Lili Boulanger. Paris: Fayard, 2004.

6 Die Katastrophen des 20. Jahrhunderts

Chiche, Marina: Musiciennes de légende. De l'ombre à la lumière. Paris: First, 2021.
Feuchtwanger, Peter: The Perfect Clara Haskil. www.peter-feuchtwanger.de. 2000.
Hamer, Laura: Female Composers, Conductors, Performers. Musiciennes of Interwar France, 1919–1939. London: Routledge, 2018.
Merlin, Christian: Au cœur de l'orchestre. Paris: Pluriel, 2015.

New York Philharmonic Archives: Women Pioneers of the NY Phil. In: Arts and Culture, 2020.

Osborne, William: Art Is Just an Excuse. Gender Bias in International Orchestras. In: IAWM Journal, 1996.

Ravet, Hyacinthe: L'accès des femmes aux professions musicales. L'entrée dans les orchestres symphoniques. In: L'Observatoire 44. 2014.

Smyth, Ethel: Paukenschläge aus dem Paradies. Erinnerungen. Hrsg. und übers. von Heidi Feilhauer. Berlin: ebersbach & simon, 2023.

Danksagung

Ein erster und riesengroßer Dank geht an meine Verlegerin Mélie Chen für die Begleitung auf diesem ganzen Weg seit unserem ersten Mittagessen im November 2019. Vielen Dank für dein Vertrauen und deine wertvolle Hilfe bei diesem Projekt.

Ich möchte mich bei allen Autoren und Autorinnen von Abhandlungen, Dissertationen, Kolloquien, Büchern und Studien etc. bedanken. Wenn Sie glauben, dass Ihre Arbeit nur ein Tropfen im Ozean sei, dann mag das im Einzelnen vielleicht stimmen, aber dank Ihnen allen konnte ich mich in dieses Thema vertiefen und dieses Buch schreiben.

Danke an meine Freundinnen und Freunde, dass sie meine Stimmungsumschwünge in den vergangenen zwei Jahren (nur zwei?) ertragen haben. Vor allem danke ich: Juliette Flipo, Sonia Ben Romdhane, Caroline Lognoné, Noémie Potdevin, Morgane Richard, Laëtitia Denis, Violette Maurel, Juliette Cliquot, Pauline Faure, Lolita Rivé und all den Mädels vom Unihockey. Dank an Théo Hetsch, Martin Cadoret und Olivier Liffran fürs Joggen und die lebhaften Diskussionen.

Ein besonderes Dankeschön an meine Familie für ihre Unterstützung und fortwährende Liebe.

Danke den Kollegen und Ex-Kollegen von France Musique. Danke an Nathalie Moller und Sofia Anastasio für die Abende, die Kaffeezeiten und die Blumen.

Dank an Charlotte Ginot-Slacik, an Grégoire Portais und meine Schwester Perrine für die Korrekturlesungen.

Dank an meine Netzwerke großartiger Frauen von »L(')Égalité« und »Musique en sororité« für die Zoom-Sitzungen montagabends und für die Verbundenheit.

Danke schließlich allen Musikerinnen, jenen von gestern und jenen von heute. Sie sind nicht allein. Sie waren niemals allein.